教育実習ガイダンス

編者
山﨑英則　北川明　佐藤隆

東信堂

はじめに

　本書『教育実習ガイダンス』は、1998(平成10)年教育職員免許法改正をもとに、2000(平成12)年度からの新カリキュラム移行を踏まえ、これから教育実習に赴く実習生のために編纂した教育実習の手引き書である。本書は、取得可能な免許状、小学校教員の免許状、中等学校教員の免許状および高等学校の免許状のために書かれたものである。

　本書の内容は、教育実習のための準備から終了までの過程を想定しながら、また、小学校・中学校・高等学校での実際の教育実践を考慮に入れながら、全部で7部から構成されている。すなわち、本書の内容は、具体的には、教育実習の事前指導、教育実習期間中の指導、教育実習の事後指導、そして、教育実習の一部とみなされる介護等体験から成り立っている。

　教育実習に行こうとしている学生諸氏は、この手引き書から教育実習の目的や意義の理解はもとより、児童・生徒の実態をしっかりと把握し、それに合わせた学習指導案を書くことができ、教師のあるべき方向を自分なりに模索することができる。

　実習校での実践的な体験を蓄積しながら、教師としての基本的な姿勢を学び取ったときは、教育の原理をはじめとして、生きることの原理や人間としての在り方まで深く考えていくきっかけを得ることになるであろう。まさしく、教育実習は自らの生きる力の有無を再認識・再確認させてくれる期間となるであろう。この時期における教育実習は得難い経験や体験の宝庫といってもけっして過言ではない。

　本書は、関西地方の中国・四国・九州在住のスタッフをはじめ、関東在住の教育実習に日頃から熱心に取り組んでおられるスタッフの方々を中心に、しかも、大学で教育関係の講義を行っている理論派と教育の現場で日々教育の活動に真剣に取り組んでいる実践派との全面的な協力のもとに、完成した。これほど、理論面と実践面とが完全な形で合一し、しかもそれらにおいてバランスを保っているテキストはほかにないのではないかと自負している。

　ともあれ、この度、斬新性、専門性、独創性、利便性、明確性を特色としている本書が、東信堂から産声をあげることができたことは、執筆者一同の大きな喜びとするところである。われわれは本書が読者諸氏の暖かいご支援のもとで、読者諸氏の活用を通して、手引き書として確かなものとして位置づけられることに大きな期待をかけている。大方のご叱

正を待つとともに、将来の改善を期している次第である。

　最後に、われわれの教育実習のテキスト作りの意図に快く理解を示され、きめ細かい配慮と寛容さとでわれわれの仕事を終始暖かく見守って下さった、株式会社　東信堂社長の下田勝司氏に対して、心からのお礼と感謝を申し上げたい。

　　2003(平成15)年4月

山﨑英則

北川　明

佐藤　隆

『教育実習ガイダンス』目　次

はじめに III

第1部　教育実習とは

第1章　教育実習の目的と意義 3
　　第1節　求められるのは質の良さと即戦力 3
　　第2節　本物の教師となること 5
　　第3節　人間の生き方をたずねる 7
　　第4節　もっと広い視野の確保を 9

第2章　教育実習の準備と心得 12
　　第1節　教育実習の前提 12
　　第2節　教育実習における指導技術 13
　　第3節　教育実習におけるコミュニケーション 16
　　第4節　教育実習の形態（観察　参加　実習） 18
　　第5節　教育実習の内容 19
　　第6節　教育実習の心得 20

第2部　児童・生徒の実態

第3章　小学生とは 25
　　第1節　教育実習に不安を覚えるのはあたりまえのこと ... 25
　　第2節　よく見るところからはじめよう 26
　　第3節　子どもの願いの奥の奥に向き合う教師 28
　　第4節　実習生にもできること、してはいけないこと ... 32

第4章　中学生とは 34
　　第1節　中学校での教育実習体験 34
　　第2節　中学生のこころとからだ 35
　　第3節　思春期のなかの中学生 38
　　第4節　求められる学校・教師 40

第5章　高校生とは 42
　　第1節　教育実習を体験して 42
　　第2節　高校生のからだとこころ 44
　　第3節　現代の高校像 46
　　第4節　高校教師のこころがまえ 48

第3部　実習生を受け入れる立場からの声

第6章　感動を子どもとともに ………………………………………… 53
　　第1節　学校に教育的価値のない活動はない ……………………… 53
　　第2節　子どもを主体的にさせること ……………………………… 54
　　第3節　教師の対応を観察しよう …………………………………… 56
　　第4節　教師という仕事の楽しさを学べ …………………………… 58

第7章　中学校校長の声 ………………………………………………… 61
　　第1節　教育実習の基本的態度 ……………………………………… 61
　　第2節　教育実習の実際上の課題 …………………………………… 63
　　第3節　教育実習の特色 ……………………………………………… 64
　　第4節　教育実習の方法 ……………………………………………… 65

第8章　高等学校校長（副校長）の声 ………………………………… 69
　　第1節　教育実習における基本的態度 ……………………………… 69
　　第2節　教育実習の実際上の課題 …………………………………… 71
　　第3節　教育実習の特色 ……………………………………………… 73
　　第4節　教育実習の方法 ……………………………………………… 74

第4部　教材研究と授業構想の基づく指導案づくり

第9章　授業に向けての準備 …………………………………………… 81
　　第1節　実習の前にできること ……………………………………… 81
　　第2節　教える単元が決まったら …………………………………… 82
　　第3節　1時間の授業を組み立てる ………………………………… 83
　　第4節　プレ授業をやってみよう …………………………………… 84

第10章　小学校の学習指導案
　　①［国語］……………………………………………………………… 90
　　②［算数］……………………………………………………………… 92
　　③［道徳］……………………………………………………………… 94
　　④［総合学習］………………………………………………………… 96

第11章　中学校の学習指導案
　　①［理科］……………………………………………………………… 98
　　②［国語］……………………………………………………………… 100
　　③［英語］……………………………………………………………… 102
　　④［音楽］……………………………………………………………… 104
　　⑤［美術］……………………………………………………………… 106
　　⑥［技術・家庭科］…………………………………………………… 110

第12章　高等学校の学習指導案
　　①［国語］……………………………………………………………… 114
　　②［地理］……………………………………………………………… 118

　　　　③ ［生物］ ………………………… 120
　　　　④ ［書道］ ………………………… 122
　　　　⑤ ［福祉］ ………………………… 126

第5部　あるべき教師像とは

第13章　あるべき教師とは …………………………………………… 131
　第1節　教育実習生の意識と立場をふりかえる ……………… 131
　第2節　教師の資質と役割をどこで学ぶか …………………… 133
　第3節　望ましい「教育的関係」のつくり方 ………………… 134
　第4節　「あるべき教師」になるためには …………………… 137

第14章　教師に求められる資質能力 …………………………………… 139
　第1節　指導法を知る ……………………………………………… 139
　第2節　授業を作る力 ……………………………………………… 141
　第3節　児童・生徒との関係を作る力 ………………………… 143
　第4節　教師に求められる資質能力を高めていくために …… 145

第6部　反省と課題

第15章　教育実習授業の反省と自己研修課題 ……………………… 149
　第1節　教育実習が終わったら ………………………………… 149
　第2節　教育実習を振り返ってみよう ………………………… 151
　第3節　実習校から見た実習生 ………………………………… 154
　第4節　教職をめざす人たちへ ………………………………… 157

第7部　介護等体験

第16章　介護等体験の心得 …………………………………………… 161
　第1節　介護等体験の基本的な心構え ………………………… 161
　第2節　介護等体験における援助・支援とは何か …………… 162
　第3節　障害者や高齢者などへの対応 ………………………… 165

付　録　教育関係の法規 ……………………………………………… 171

第1部
教育実習とは

第1章　教育実習の目的と意義

第1節　求められるのは質の良さと即戦力

1　外国の場合

　外国の場合、とりわけ19世紀になって、本格的に質の良さと即戦力を身につけた教師を安定的に供給する目的で、教育実習が開始された。その背景には、国民教育制度が次第に整備されてきたこと、教師養成目的のための師範学校が設立されてきたこと、そして、ペスタロッチの教育技術を身につけそれを役立たせるべきであるとする教師論があった。

　教育実習が世界で最初に実施されたのはフランスである。ラ・サールは、1685年、師範学校と附属学校を設立し、そこで教育実習を実施した。イギリスでは、18世紀前半、ケイ・シャトルワースが師範学校を開設し、実習校で実施された。ドイツでは、1810年、ヘルバルトが教育実習の実施に尽力している。アメリカ合衆国では、1839年、パースがマサチューセッツ州の師範学校に附属学校を設置し、そこで在校生に教育実習を課している。

2　わが国の場合

　わが国の場合、教育実習が始められたのは1873(明治6)年のことである。当時、設置された東京の師範学校の附属小学校では、その生徒に教授法の実地練習が課せられた。それは、1907(明治40)年の師範学校規定によって、教育実習と呼ばれた。教育実習は、最終学年で行われ、毎週9〜30時間ずつ、合計して8〜10週間にわたって行われた。教生と呼ばれた彼らは、原則上、附属学校で実習を行った。教育実習の内容がやや固定的になったのは、大正時代に入ってからである。1925(大正14)年の改正師範学校規定では、師範学校での教育実習要目は、①附属学校参観、②師範教授による指導、③教授案の試作および教授の実習、④管理、訓練に関する指導および実習、⑤学校事務の指導および実習、となっている。

　なお、この場合の教授、管理、訓練は、ヘルバルトの『一般教育学』(1806)に現れた専門用語にほかならない。教授とは、思想界の陶冶によって意志の根源を構成することであり、進行および専心と致思の段階によって構成され、管理とは、進行を妨げる外的障害を除去する措置であり、教師の指図を静かに聞くことを意味し、訓練とは、直接心情に作用し意

志に影響を及ぼす措置であり、教師の生徒に対して取るべき必要な手順をいう。

　1943(昭和18)年、師範教育令が改正され、師範学校は専門学校に昇格したことによって、教育実習は最終学年で12週間実施されることになった。しかし、実際は、学徒動員などで実施されなかった。第二次世界大戦後、『アメリカ教育使節団報告書』(1946)によって、従来の教員養成の欠陥が指摘され、教員の再教育の必要性が強調され、教員免許制度を確立すること、教員養成に必要な教育として、①一般教養、②専門的知識、③教職教養の三重構造をもつべきことが提示された。それを受けた日本側は、教員養成制度を従来の閉鎖的な状況を打破し、開放的な状況へと移行させた。①師範学校における教員養成から教育大学における教員養成へと大きく変わったことであり、②教員養成を大学等の設置者別を問わず、教員免許状取得に必要な課程終了を資格要件とする免許制度の開放制の原則が確立したことである。

　1949(昭和24)年、教育職員免許法が制定され、教育実習が教職に関する専門科目として必修科目に指定された。1988(昭和63)年、教育職員免許法が抜本的に改正され、免許状の種類が、一級、二級から、専修、一種、二種となり、免許基準としての最低修得単位数が引き上げられ、59単位となった。なかでも、教育実習に関る事前および事後の指導の1単位が必修となった。1997(平成9)年、小学校および中学校の教諭の普通免許状の授与に係る教育職員免許法の特例等に関する法律の成立によって、取得志望者には介護等体験が義務づけられた。1998(平成10)年、総合的な学習の時間の設定に合わせて、59単位の内訳に変更が加えられた。教科に関する科目は、40単位から20単位へ、教職に関する科目の単位数が増加され、そして、教科または教職に関する科目が新設された。

　2000(平成12)年、教育職員免許法施行規則が改正され、教育実習の単位数および期間が変更された。小学校教諭一種免許状および中学校教諭一種免許状では、5単位となり、4週間(一部の地方では3週間)となり、高等学校教諭一種免許状では、3単位となり、2週間となった。なお、教育実習の単位数のなかの1単位は、従来通り、教育実習に係る事前および事後の指導が含まれている。

3　教育実習の方法・形態

　現在、教育実習の課程は、①観察、②参加、③実習(教壇)の3領域であり、実習期間中に連続的に行われる。観察とは、参加および実習の前段階であり、児童・生徒についての理解を深め、教育活動、教育施設・設備、教育環境、指導方法などについての認識を深めることにある。参加とは、実習校の内外の教育活動に直接積極的に参加することによって、

教師がその職能を遂行するのに必要な理解・態度・技能などを経験的に学ぶことをいう。実習とは、それまでの観察や参加の経験を生かし、あらかじめ任された教科内容に関する学習指導計画案に基づいて、指導教師と同様に教壇に立ち、実際に児童・生徒を指導していくことを目的としている。その意味では、この実習が教育実習の一連の過程での総仕上げの段階であることが理解される。

第2節　本物の教師になること

1　基本的な目標

　文部省(現文部科学省)は、1969(昭和44)年、教職をめざす学生のために教育実習の在り方を提示した。教育実習は、教職を志望する学生が、教育現場において、児童・生徒との接触を通して、教師たるに必要な基盤を確立することを基本的な目標とする、と。

　実際、学生は、各大学附属の小・中・高等学校もしくは出身校の小・中・高等学校などで、数週間、取得希望の免許状の種類ごとによって、児童・生徒と直接触れることによって、教師に必要な資質能力を養成することができる。

　学生は、児童・生徒との直接的な接触を通して、かつての児童・生徒であった自分との比較によって、児童・生徒の現実の姿はもとより、児童・生徒の不変的な面と漸次変化してきている面とを同時に理解することができるであろう。また、学生は、大学で学んだ理論をもとに、児童・生徒を包括的に理解する力を身につけることができるであろう。

　教師に必要な資質能力として、次の諸能力が考えられる。①普遍性を前提にした教師としての資質能力、②未来性を前提とした教師としての資質能力、③取得する免許状を前提とした教師の資質能力、である。

　①に関しては、時代が変わろうとも、いつの時代にも求められる資質能力のことをいう。具体的には、教科指導能力、生徒指導能力、道徳の指導能力、特別活動の指導能力、学級経営能力、評価技術能力、管理的事務処理能力などである。教室内での教育活動を想定するとき、さまざまな教育技術があげられる。発問するテクニック、黒板に文字を書く技術能力、指名をするタイミング、声の大きさ、話すスピード、間の取り方などである。さらに、総合的な学習の時間を想定するとき、児童・生徒の興味や関心を的確に把握し、自ら学習したい内容や課題をともに発見しながら、主体的・創造的に取り組ませていく力などである。教育活動が点としてのみではなく、また、線としてのみではなく、さらには、面

としてのみではなく、それらを総合する形で機能しているからである。そのため、教師をめざす者は、それらすべてにわたり、要求され必要とされる資質能力や技術能力を十分に身につけ、その都度、即座に、発揮できるように心掛けなければならない。

②に関しては、これから時代が進展していくなか、とりわけ求められる資質能力のことをいう。具体的には、教育機器の活用能力、情報機器の活用能力などがあげられる。これからはＩＴの時代、コンピューターの時代といわれているだけに、これから教師はこれらの分野に無関心であってはならない。教育機器として、ＶＴＲ、ＯＨＰ、スライド、書画カメラなどの教材提示装置などが考えられ、情報活用機器として、コンピュータや情報ネットワークなどが考えられる。これからの教師は、各教科やその他の指導にあたっては、これらの手段を積極的に活用できるようにしておくことが不可欠な条件となる。

③に関しては、自分の専門教科に関して専門知識を十分に身につけ、それを踏まえた人間性豊かな資質能力のことをいう。専門的な知識を分析するとき、文系・理系、理論系・実践系などが考えられるが、どちらかにあまりにも一方的に偏ることなく、ある程度の共通性を踏まえつつ、特殊性を考慮していく考え方を忘れてはならない。そして、人間性を分析するとき、個性と社会性などが考えられるが、どちらかにあまりにも一方的に偏ることなく、ある程度の共通性を踏まえつつユニークさを出せるようにすべきである。

2　具体的な目標

教育実習とは、大学で学んだ教育に関する理論を生かしつつ、職務に支障を起こさない範囲内で、学級担任や教科担当、教科指導や生徒指導に真摯に取り組みながら、教師として必要な実践的指導力の基礎を体験的・経験的に学ぶことを目的としている。

教育実習は、現在、事前指導、教育実習(本体)、事後指導の段階で構想化されている。

事前指導では、教育実習が滞りなく実施されるように、教育実習への関心や意欲を高め、意識を改革するために、プレ・レポートの作成・提出、教育実習の目的や意義、教育実習の心得、授業の組立方、学習指導案の書き方、学級経営方法、児童・生徒の把握方法などについて具体的な説明が計画されている。その主な方法として、ビデオによる模範授業の視聴、現職教員による心得の拝聴、模擬授業の実施および講評、などが考えられる。

教育実習(本体)とは、現場教師の指導のもとに、いままで学習してきた教育の理論が実践化されていく過程、すなわち、体験と経験の過程でもある。教材研究や人間理解の必要性、協力・受容・支援の重要性、蓄積することの大切さ、興味や関心に基づく視野の拡大化の必要性、教育定義の再確認、教職への理解と自覚の必要性、生きていく積極性の必要

性などが理解される過程である。

　事後指導では、開催される反省会や討論会において、問題意識や課題意識が相互に提示されるなかで、教育の理論と実践とが再確認・再統合される機会になり、教師としての力量がさらに深化・拡大・発展する契機になるように配慮されるべきである。

　現在、都道府県によっては、いわゆる「実習公害」を防ぐために、教育実習と教育職員採用試験とを抱き合わせ、教育実習のみの実施を拒否している場合がある。全人格をかけた真摯な教育実習による高レベルの本格的な教員養成が目標にされているからである。

第3節　人間の生き方をたずねる

1　体験・経験による学び

　教育実習とは、学生の身分でありながら、取得する教職に必要な単位数を満たしている者が、一定の期間、学校現場に身を置き、身分上、教師となって、実際の教育活動に取り組みながら、学校、教師、子どもなどについて、機能・職務・発達特徴の面を体験的・経験的に学ぶことをいう。彼らは、通常、教育実習生、実習生、教生といわれている。

　ここで人間が学ぶ方向に2つあることを示しておこう。①は、知、学問、真理のプロセスであり、②は、経験、体験、真実のプロセスである。①は、理論知を特色としており、大学などの講義を通して真理を学んでいく過程であり、②は、実践知を特色としており、対象に直接関わることを通して真実を学んでいく過程である。したがって、①の真理が客観的な性格をもち、②の真実が主観的な性格をもっていることが理解される。

　教育実習の場合、教育実習生は、教師となって、指導教諭の援助や支援のもとに、教科指導や生徒指導などを実際に行いながら、教育活動の本質、子どもの特徴、学校教育の使命などについて、自分なりに理解・把握していく。そのため、実際に行われる教育実習が②のプロセスであることが理解される。彼らはこのプロセスのなかで次のことを実感するであろう。子どもが自ら学び自ら成長する授業作りがいかに難しいかを。また、授業の成果をあげる要因が人間の信頼関係や愛情関係にあることを。子ども一人ひとりの特徴を把握するためには子どもとの直接的な接触が重要な役割を果たしていることを。

　つまり、教育実習とは、教え授けられて学ぶという過程から脱却して、180度意識改革を図り、自ら積極的に関わっていく教育者もしくは指導者として、子どもとの親密な人間関係のなかで、教育活動の部分や全体を、体験的・経験的に学んでいく過程である。

2 理論と実践との統合　実践と理論との統合

　教育実習では、大学で学んだ教科に関する科目と教職に関する科目、さらには、教科または教職に関する科目、すなわち、理論を中心にした科目をもとに、教科指導や生徒指導などの実践的な活動を通して、教育実践力や実践指導力が実際に養成される。つまり、教育実習では、理論と実践とが統合化されることに、重要な意義が見出される。上記の2つの方向で説明すれば、理論と実践との統合化とは、大学で①の方向を完全に済ませた後、②の方向を辿らせることをいう。しかし、このとき、順序を変えた場合、②の方向を先に済ませた後、①の方向を辿らせることになるが、②の方向において、それを裏づける内容や知識がないため、単なる意味のない実践、行動、振る舞いになりうる可能性はある。とはいえ、順序を変えた場合でも、実践活動を中途半端に終わらせるのではなく完全に徹底化していくならば、遭遇するであろう種々の疑問点や問題点を解決するために、必然的に①の方向へと橋渡しさせる。実践に主眼点に置いている教育実習を通して、種々の疑問点や問題点に遭遇したとき、教育理論に気軽に帰っていくことを忘れてはならない。

3 教師としての適性判断

　学生は、たいてい、最終学年で実施される教育実習の期間までに、必要な単位を習得しておかなければならない。教職免許取得は卒業には直接的な関係がないため、途中であきらめる学生も少なくない。また、教員採用試験の倍率の高さが教員への道をあきらめさせる場合も少なくない。教育実習は、自己を教師としての適性を判断させるきっかけを与える。教育実習は、与えられた課題に答えていく過程でもあり、自ら見つけた課題に答えていく過程でもある。つまり、教育実習とは責任のある挑戦の過程である。しかし、前向きの姿勢は、計画通りに事が運ばなかったとき、途中で挫折してしまう。積極的な考え方は、自分の未熟さや至らなさのため、途中で方向転換をしなければならない。そのような状況下でも、けなげな姿で未来に生きる子どものために、一生懸命さで継続的な活動を可能にするという事実は、教師としての資質や適性、使命感があることを証明している。

　つまり、教育実習とは、学校教育の現場において、取得する教職免許分野で積極的に取り組みながら、教師としての適性を判断させるきっかけを与える期間なのである。

4 教育技術の体得　生き方の再確認

　現場の教師は、毎年、教育の理論と実践との両面において、磨きをかけ、それを高度なレベルで保持している。とりわけ、ベテランの教師は、教育技術の面において、確実で多様なものを身につけている。教育実習期間において、教育実習生は、それらを目の当たり

に観察することができ、模倣することができ、自分のものにすることができる。具体的には、教科指導方法、生徒指導方法、道徳の指導方法、特別活動の指導方法、学級経営方法、評価方法、事務処理方法などである。しかし、そうはいっても、それを見る目がない限り、それを問題にする意識がない限り、それに興味や関心を向けない限り、それらの方法は一向に見えてこない。目的意識の有無や意欲・情熱の強弱こそ、教育実習を豊かなものにするかそれとも貧しいものにするかを分けてしまう。いままで見えていなかったものを見えるようにするものは、その者の哲学、すなわち、教育観、人生観、世界観にほかならない。

　教育実習とは、教師として、人間として、その在り方や生き方を本質的にたずねる期間でもあるのである。

第4節　もっと広い視野の確保を

1　実習校についての情報収集・実態把握

　学校での教育活動は基本的には、教育者、子ども、目的・目標、教える内容・教材、教室、社会との関わりによって成立している。教育実習生は、実習校について情報を収集しその実態を把握しておくべきである。以下、観察、参加、実習の観点からまとめておこう。

　まず、教育実習生は、実習する学校の歴史、教職員、子ども、ＰＴＡ活動などについて、予備的情報を収集しておくべきであり、次に、その学校での学習指導、生徒指導、学級経営、進路指導、道徳教育、特別活動、総合的な学習形態等の特徴について、理解しておくべきであり、最後に、その学校での実践活動がその地域の社会のなかでどのように受け入れられ、どのように評価されているのかなどについて、把握しておくべきであろう。

　この羅列の原則に従って、具体的に確認すべき内容を列挙しておこう。

　まず、学校の歴史や伝統。隠れたカリキュラム。教職員の数。年齢構成、男女構成。管理職の人生観や世界観。子どもの総数、各学年・各学級の人数、その男女構成。学級全体の雰囲気。社会における学校の評価。ＰＴＡ活動。

　次に、教授形態・学習形態(一斉教授・一斉学習、個別指導・個別学習、分団学習・共同学習、ティーム・ティーチング)。四つの原理、すなわち、①自己指導の原理(将来、自己解決の能力をつけていくように方向づける原理)、②助成の原理(命令的指示や禁止的訓戒を与えるのではなく、暗示、助言、インフォーメーションを与える原理)、③個人的援助の原理(個人の特性、個人の差に基づき、援助を与える原理)、④社会化の原理(相互理解を深めて、子ども個人の成長が集

団の成長に直結するようにする原理)による生徒指導。

　そして、①学級環境の整備(設備・用具の配置・整備)、②学級の組織化(委員や各係りの選出)、③学級の人間関係の調整(教師と子ども、子ども同士)、④学級事務(指導要録、出欠簿の作製・記入、さまざまな書類作成、教材費、学習費などの徴収、テストやレポートなどの処理、家庭との連絡帳作製・記入、通知簿の作製・記入、年・月・週・本時に関する学習指導計画の作製、学級備品の保全・管理)などによる学級経営。①教師中心型、②児童・生徒中心型、③民主的運営型による学級経営。自己の個性・適性に応じて、将来、自己の人生をより豊かに過ごす方法の発見のために援助・支援する進路指導。指導(価値)内容項目、①主として自分自身に関すること、②主として他の人とのかかわりに関すること、③主として自然や崇高なものとのかかわりに関すること、④主として集団や社会とのかかわりに関すること、の4視点を踏まえた23項目から成り立ち、道徳的価値の名のもとに蘇生もしくは覚醒を中心に据えている道徳教育。児童・生徒の自主的・実践的集団活動を通して個性と社会性を伸長・形成し、民主的な生活を行うことができることを目的とし、内容として、小学校では、①学級活動、②児童会活動、③クラブ活動、④学校行事であり、中学校は、①学級活動、②生徒会活動、③学校行事であり、高等学校は、①ホーム・ルーム活動、②生徒会活動、③学校行事である特別活動、ちなみに、①儀式的行事、②学芸的行事、③健康安全体育的行事、④遠足・集団宿泊的行事(旅行・集団宿泊的行事＝中学校・高等学校)、⑤勤労生産・奉仕的行事、を意味する学校行事。児童・生徒の国際理解、情報、福祉、健康等の横断的・総合的な課題に対する興味や関心を前提に、それらの課題を主体的・自主的・積極的に取り組む過程のなかで、探求方法や研究方法を体得させつつ、それらの本質を究明・解決することによって、自らの生き方を考えさせることを目的とし、①体験的・問題解決的学習の導入、②学習形態や指導体制の工夫、学習環境の事前把握、③国際理解に直結した方法の工夫、を行っている総合的な学習の時間。

2　実習校周辺についての情報収集・実態把握

　実習する学校が地域社会に対してどのようなつながりをもっているか、あるいは、地域社会に対して門戸をどの程度開放しているかについて、教育実習生は情報を収集しその実態を把握しておくべきである。

　学区制の一部緩和。ＰＴＡ(保護者と教師の会)活動の実際。ゲスト・ティーチャー(ＧＴ)制度。スクール・カウンセラー(ＳＣ)の導入。とりわけ、ＧＴは、ある内容を深化・拡大・補充するために、同僚もしくは地域の専門家などをゲストとして迎え、話しを聞く方法で

あるため、新鮮でる。有資格者で臨床心理士によるＳＣは、子どもたちにとっては、教師以外のところでの窓口になるため、カウンセリングに幅をもたせることになる。

引用・参考文献
(1) 鈴木慎一『教育実習論』南窓社、1972年。
(2) 鈴木慎一編『教職導入教育の実験的研究』（１～３）成文堂、1982～84年。
(3) 『新教育学大事典』第一法規、1990年
(4) 九州地区教育実習研究会編『教育実習の探求』中川書店、1996年。
(5) 有吉英樹・長澤憲保編『教育実習の新たな展開』ミネルヴァ書房、2001年。
(6) 早稲田大学編『教育実習マニュアル』東信堂、2001年。
(7) 『現代学校教育大事典』ぎょうせい、2002年。

（山﨑英則）

第2章　教育実習の準備と心得

第1節　教育実習の前提

1　大学における習得内容の再構成

　教育実習は、実習生が実際に学校という教育現場に出かけて行き、そこで直接に子どもに触れ、教科や教科外活動などに関する指導を試みる機会である。このことは、別の見方をすれば、大学教育において習得された教師としての指導的力量が、学校という教育の実践的場面において具体的に問われる機会でもある。実習生は教育実習を通して子ども、教師、学校の現実について、より深い理解をしていくことができる。そしてそのことは同時に、教育実習に関する次の3つの条件を経験することにも結びついていくことになる。すなわち、①教師になる意志の確認、②大学における教師としての指導的力量を鍛えるための講義・演習などに主体的に取り組んでいるかどうかの確認、③自己の教師としての指導的力量についての確認、である。

　教育実習の期間は限られているのであり、その限られた期間を有意義なものとするためには、周到な準備が必要である。そのためには、上述した3つの条件と関連して、大学において習得される教師としての指導的力量が、次のような領域に分類されなければならない。つまり、①学校の組織・運営に関するもの（学校教育制度、学校経営・学級経営の任務など）、②学校の教育活動に関するもの（授業指導、生徒指導、道徳・特別活動の目的・内容・方法など）、③教科内容の指導に関するもの、である。

　これらの領域に関する内容は、「教師になる」という将来的な見通しのもとで、有効に整理され、再構成されることが必要である。

2　実習校についての情報収集

　教育実習に向けて大学での習得成果を再構成する場合に留意しなければならないことは、教育実習が特定の実習校で実施されているということである。学校教育、教師の任務、授業指導、教科外活動一般ということは、現実にはありえないのであり、実際には、特定の学校での、特定の教師による、特定の授業指導や教科外活動が行われている。そのため、大学での習得成果の再構成をより効果的なものにするために、実習校についての正確な情

報収集が必要不可欠とされてくる。実習校では、教育目標がどのようなものとして設定されており、年間計画はどのようになっているか、実習校を取り巻く生活的・人間的環境はどのようになっており、子どもの実態はどうなのかなどについて、正しい情報が前もって収集されておかなければならないのである。

そこで重要とされてくるのが、教育実習開始前に実施される周到な打ち合せと、実習開始直後に行われる実習校によるオリエンテーションである。この二つには積極的に参加することが望ましい。

3　実習に向けての仮設づくり、目標設定

大学での習得成果が、実習校に関する正確な情報を媒介することによって再構成されたとしても、教育実習の期間を考慮するなら、再構成された習得成果の範囲は広すぎるといえる。そのため、再び、習得成果を再構成し直すことにより、個々の実習生の置かれている状況に適した形で、実習のなかでどうしても取り上げておきたい仮設あるいは目標を設定しておくことが必要とされてくる。そのような明確で具体的な仮設や目標が設定されていない場合には、自覚的で主体的・能動的な実践も存在しえない。

実習は、実習校の教育方針や教育目標範囲内で、特定の期間、実習指導教師のもとで、実施される。したがって、実習に向けての仮設づくり、目標設定も、実習指導教師を中心として緊密な連携を取りながら行われなければならない。

第2節　教育実習における指導技術

1　教材＝解釈づくり、指導案づくり

教育実習全体をみわたせば、教育実習生は学校の教育活動や教科内容の指導に関するもの、いわゆる、授業との関わりで指導を受けることが多い。そこで、ここでは、教育実習に入る前に、教育実習生が授業における指導的力量＝指導技術をより一層有効に発揮できるために、その具体的・実践的なあり方について要点を述べておきたい。

授業を始めるにあたり、まず最初に取り扱わなくてはならないのが、教材＝解釈づくりであり、指導案づくりである。

教育は本来、教師が教材を媒介にして子どもたちに働きかける仕事である。したがって、教えるべき内容や知識を教師が順次的・系統的に習得しておくことは、とりわけ、重要なことといえる。子どもから問い返されたり、意見を求められても納得のいくような説明が

できなくてはならない。そのためには、実習生同士で協力・援助し合い、実習指導教師にも相談しながら、深くて豊かな教材＝解釈づくりが十分になされなくてはならない。

　このことを踏まえ、具体的には、目標達成のために導入－展開－終結という指導の段階を明らかにしておくことが必要である。導入の段階はこれから展開される授業について、子どもの学習意欲や興味・関心を動機づけていく過程である。また、展開の段階は導入の段階を受けて授業の最も中心的な段階であり、導入の段階で意識化された課題の解決や一層深いレベルの内容追求を行う過程である。さらに、終結の段階は教師が課題をまとめて確認したり、子どもの実践・応用の探究へと発展させていく過程である。

　指導の段階を明らかにした後は、指導案の作成となる。指導案は各教科の授業展開にあたって、授業時間のなかで行われる教授＝学習活動の全体過程を教師の立場から構想し、記述したものである。その形式は、おおよそ次の通りである。

　①指導教諭氏名、教育実習生氏名、②授業日時・授業対象、③単元名、④主題名、⑤資料名、⑥主題設定の理由、⑦指導計画－時間配分の計画、⑧本時のねらい－本時の教材解釈、⑨本時の展開計画－発問、予想される子どもの反応（まちがい、つまずきを含む）、タクト（刻々の応答的組織力）の予想、学習形態など。

　指導案は、教師の教えたいものを子どもたちの学びたいものに転化していくために、そのドラマを成立させるしくみを構想することにある。したがって、指導案づくりにおいては、教師の主体的働きかけに対して、明日の学級の子どもたちの姿を思いめぐらしながら、まちがいやつまずきをも含んだ子どもたちの多様で個性豊かな解釈を予想し、さらには、それに対するタクトをも予想しておかなければならないのである。

2　授業過程の組織化

　次は、授業の展開において、授業過程を組織する指導技術のあり方を検討するということである。

　授業の展開場面において、実習生は授業展開の事実に即しながら自らの技術的力量のまずさ、不十分さ、弱さを実習指導教師などから率直に指摘してもらい、それらを素直に受入れ、明日の授業実践に生かしていくという意欲的な姿勢をもつことが大切である。なぜなら、授業を変えていくことが実は、子どもを変えていくという事実をつくり出すからである。「教師が変われば子どもが変わる」というスローガンのもつ意味を念頭に置きながら、授業展開において、授業過程を組織する指導言が有効に生きて働くように努力することは必要不可欠のことといえる。

以下においては、授業過程を組織する指導言を具体的に取り上げてみる。

表1　授業過程を組織する指導助言

①	語りかけ	子どもたちの表情や動きをよく確かめ、彼らの反応や応答を呼び起こすように語りを変えていく。
②	問いかけ	ある箇所ある場面を具体的に限定して問いかけることにより、学級内部に対立・分化した多様で豊かな意見や解釈を呼び起こす。
③	答にからみ、答から始める	自らが子どもの一面的・表面的な理解に絡み、それに反論し、抵抗する。また、それの根拠・理由を問い返したり、それに対して比較対象を提示しながら切り返したりする。このことで、子どもたちを深くて豊かな解釈や認識に導く。
④	「つまずき」を拾って深める	自らが子どもの「つまずき」を拾い、それに味方して他の多くの子どもたちの一面的・表面的な理解をゆさぶることで、子どもたちを深くて豊かな解釈や認識へと導く。
⑤	班におろして広げる	班話し合いを組織することで全員が参加し、発言しやすい状況がつくられる。また、「わからない」や「ストップ」も含めた「ほんね」の発言が感情的レベルからも出し合える。さらに、子ども同士が援助・協力し合ったり、相互に批判・啓発し合う状況が生み出されやすい。
⑥	対立点の明確化	対立点が明らかになることにより、子どもたちに思考する手がかりを与えたり、教科内容の本質に迫る集団思考への参加を組織しやすい。また、立場をとった討論を組織する過程で、論拠を求めて資料・教材へ立ち返ることができる。
⑦	接続語による関わり合い	自らが「でもね」「だから」「そのわけは」等の接続語を用いて子どもたちに関わっていくことにより、子どもたちに「語りの形式」が定着し、発表力や表現力が育つ。これにより、「でも」「つけたして」「もっと詳しくいうと」というように子ども同士の接続語や「からみ言葉」による問答もつくり出されやすい。
⑧	ねうちづけ	学習規律のみならず学習内容にも関連して、一人ひとりの子どもや一つひとつの班のすぐれたできばえを発見してそれに共感し、その事実を物語っていくことである。このことにより、一人の子どもや一つの班のみならず学級のすべての子どもの思考や表現の質を強力に鍛え、育てていくことができる。
⑨	机間指導	ときには、子どもと同じ目の高さで接近していくことが大切である。また、子どもの性格によって接近の仕方を変えていくことも重要である。つまり、自らに反抗的であったり、神経質な子の場合にはその子の後ろ肩ごしから接近し、自らに親近感をもったり、理解の早い子どもの場合には正面から接近するのである。このことで、子どもとのコミュニケーションは一層身近なものとなる。
⑩	板書	板書に際し、黒板の文字を視野の四分で見ながら、視野の六分のなかに絶えず子どもの姿を入れておくようにする。このことにより、子どもの注意力、興味・関心や反応・応答が呼び起こされやすい。
⑪	メディアの活用	VTR、OHPおよびコンピュータなどのメディアを有効に活用することにより、子どもの集中や応答を一層呼び起こすことができる。

3　学習規律の指導

さらに、授業の展開過程において、学習内容だけでなく学習規律の指導に着目して、指導技術のあり方を検討するということである。

授業過程の論理は、教科内容の論理だけでなく自主＝共同の学習規律の論理に強く影響を受けているといわれている。この点に関連してダニロフ (Данилов, М, А., 1886～1950) は

次のように述べている。すなわち、授業過程の論理は教科の論理によって規定されはするが、それに帰着するのではない。授業過程の論理は教師と子どもたちとの活発な共同活動の論理なのであり、それは教科の論理よりも一層豊かで複雑であると、指摘している。

このことからわかるように、授業の展開過程においては学習内容の習得の問題だけでなく、それを受け止める子ども集団の問題、つまり、学習規律の指導の問題が重視されなければならないのである。

学習規律の指導において最も中核となるのは、指示の徹底とねうちづけである。ねうちづけは一人の子どもや一つ班のすぐれた取り組みを発見してそれに共感し、その事実を物語っていくことである。しかもこのねうちづけは、一人の子どもや一つの班だけでなく、学級のすべての子どもにねうちを自覚させていくことをねらいとしている。

ねうちづけの視点としては、**表2**の3点が挙げられる。

表2　ねうちづけの視点

①	聞き方	・先生の方に集中する。 ・発言する子どもの方に集中する。 ・わかれば「うなずく」。 ・他の子どもの意見は最後まで聞く。 ・メモを取りながら聞く。
②	発言の仕方	・みんなの方を向いて発言する。 ・大きな声で発言する。 ・はっきりと発言する。 ・間違っていても最後まで発言する。 ・みんなの反応を確かめながら発言する。 ・他の子どもが発言している途中で発言するのではなく、最後まで聞いてから発言する。 ・他の子どもの意見を生かして発言する。 ・「〜ですね」「〜でしょう」というような発言形式を使って、みんなに考えさせながら発言する。 ・他の子どもの意見に「だが」「しかし」「でも」「それで」「そのわけは」などの接続語を使って発言する。 ・資料や証拠をあげて発言する。
③	班および班長の指導	
	＊班の指導：	・全員が発言する。 ・全員がやる気を示している。 ・全員が早く挙手している。 ・班内で協力＝援助し、十分に関わり合っている。 ・ストップ発言が出ている。 ・時間要求が出ている。 ・頭を寄せ合いながら、班話し合いをしている。 ・班話し合いがスムーズに行われている。
	＊班長の指導：	・率先して発言権を奪っている。 ・率先してストップ発言をしている。 ・率先して時間要求をしている。 ・班話し合いの際に、課題を確認している。 ・班員の反応を確かめている。 ・つまずいた子どもへの援助を行い、発言させている。

第3節　教育実習におけるコミュニケーションづくり

1　コミュニケーションづくりの原点としての「まなざし」

教育実習においては、教科や教科外を問わず子どもたち、実習指導の先生など校内の先

生方や事務員・用務員の方と人間的な触れ合いができるかどうかといったコミュニケーションづくりも、大切なことである。

　学校内において、実習生は子どもはもちろんのこと実習指導の先生・校長先生をはじめとしてすべての関係者に対して愛情をもち、共感の「まなざし」で向かい合うことが必要とされてくる。相手をレッテル貼りするのではなく、相手の可能性を信じて関わり続け、「否定」のなかに「肯定」を発見しようとする力と感性を磨く努力を怠ってはならない。

　まなざしは眼ではない。眼は眼瞼があり、眼球があり、視力何度というふうに客観的に測定される身体の一部である。それに対して、まなざしというのは、表情であり、精神の表現であり、微笑である。眼は肉体としての物であるのに対して、眼は精神の表れとしてとらえることができる。眼は年とともに衰えるがまなざしは年とともに衰えるどころか、年とともにますます若く、美しく、豊かになりうる。また、眼は視力何度として、いつでもどこでも等質であり、均質であり、一様であるが、まなざしは状況に応じて刻々に変化し、刻々に豊かにもなりうる。

　このようなまなざしは、コミュニケーションの原点としてのまなざしなのであり、他人との一体感を最初に形成するものである。学校内において、実習生が共感のまなざしで相手と向かい合い、相手の身（心）に働きかけていくことは、必要不可欠なこととされる。

2　コミュニケーションづくりの方法

　それでは、次に、上述したような教育実習に必要な能力はどのようにして鍛え、育てていけばよいのだろうか。

　教育実習におけるコミュニケーションづくり、つまり、実習生の社会的な資質を鍛え、子どもたちとまなざしを共有する力と感性を育んでいくためには、友人との付き合い、教師との付き合い、寮・下宿での付き合いなどが有効に行われなければならない。このことと同時に、サークル活動や自治会活動なども大いに役立つものといえる。とくにここでは、同輩だけでなく、先輩もいるし、後輩もいる。タテの人間関係をつくり出していくことができるのであり、同じ目的に向かって集団で活動することから学ぶことも多いのである。

　また、大学におけるクラス制を有効に活用することも大切である。1年次、2年次にはいずれも3泊4日の海の合宿や山の合宿などクラスごとにさまざまな行事に取り組んでいくのであり、学生同士がお互いに援助・協力し、関わらざるをえない場面をつくり出していくのである。

　さらに、学校行事においては、単に出席するだけでなく、係りや仕事を積極的に引き受

けてみることも必要である。学校行事を企画し、運営していくなかで、トラブルや思いがけないことにぶつかることにより、やさしさ、思いやり、我慢強さも育まれてくる。そして、講義・演習などだけでなく、直接研究室に訪ねてみるなど、大学教師との付き合いを積極的に行っていくことも重要である。そこでは、講義・演習などでは見られない大学教員の顔を発見することができる。大学の教員であっても教師であることに違いはない。良いにしろ悪いにしろ、最も身近にいるモデルなのであり、しっかりと見極めてすぐれた人間性は大いに吸収してほしいものである。

最後に、学外におけるさまざまな活動に積極的に取り組んでみることも大切である。なかでも、とりわけ、子ども・障害者・高齢者を対象としたボランティア活動に関わっていくことを提唱したい。人間について学び、人間について考える機会が与えられるからである。

このように考えてくると、およそ大学生活のすべてがコミュニケーションづくりの場であるといえる。教育実習は子どもという人間を相手にした営みなのであり、そこで必要不可欠とされる能力は、大学生活のすべてを通して、獲得されるものといえる。したがって、大学へ入学したその日から、学生に対するコミュニケーションづくりは既に、始まっているととらえていくことが重要なこととされてくるのである。

第4節　教育実習の形態（観察　参加　実習）

教育実習は普通教育免許状取得のために必要とされる教職に関する専門科目の一つである。免許状を必要とする学生は、実習校における教員の指導のもとに、教科の授業、教科外活動、学級経営などについて、観察、参加、実習の三つの形態で実習を行う。

観察は、学校教育の現状や子どもの多様な実態を十分に踏まえたうえで、実習指導教師の授業指導のあり方などを学ぶためのものである。このことは、実習に際して、子どもや学級の実態が詳細に把握できるということをねらってもいる。具体的には、学級での子どもの生活に関する場面、教科の授業に関する場面、学級活動に関する場面などで行われる。そのなかでも、中核となるのは、実習生自身の専門とする教科である。

参加は、実習指導教師の教育活動の一部分を補助的に分担するものである。単なる目を通した受容的な観察から一歩進めたものであり、より積極的な実習形態といえる。そこでは、授業における教材、教具の準備のための手伝い、授業中における教材、教具の動かし

方の補助そして机間指導の分担などが主な内容として考えられる。

実習は、実習生が自ら教材＝解釈づくりなどの研究や子ども研究を行い、自分で指導案を作成して実際に授業を行うことである。

これら三つの形態で教育実習としての実効化がめざされているが、とりわけ、次の点には十分な注意をしておくことが大切である。すなわち、①子どもと学級の観察、ベテランの授業の観察を通して、生活や学習のなかでの子どもをよく洞察すること、学級という集団の特質を認識することや授業の特質を見抜くことである。このことで、子どもを知る観点を学び、子どもの世界を実感することができる、②実習は、単なる指導案作成や授業後の分析・評価だけに集中するものであってはならない。それは、授業指導を通した教材＝解釈づくり、発問づくりそして子どもの予想研究という構想づくりの能力、授業での実際の指導や評価の能力、授業後の分析能力の形成に結びつくものでなければならない。

第5節　教育実習の内容

教育実習にあたっては、まず、教職員と全校生徒への紹介が行われる。実習生もあいさつを述べ、実習がスタートすることになる。実習指導教師や配属学級も発表される。また、実習生の控室なども明らかにされ、実習校での身分や所属が認められ、学校の一員としての落ち着きがえられる。

教育実習は、実習校の年間教育計画のなかで、一定期間、直接子どもの指導の実習を行っていくものである。したがって、その学校の教育方針、運営組織、生徒指導の取り組みなどについて十分な把握をしたうえで実習に取り組む必要がある。実習の始めには、校長、教頭、教務係などの先生方から指導が行われる。

実習が始まると、教科や学級での実習に取りかかることになる。授業は、参観、授業実習、授業研究へとすすめられていくことになる。第1週は、参観が中心でその間に指導案作成の指導を受け、週半ばから週末にかけて授業実習を始めるケースが多い。

何回かの授業実習を重ねた後、授業研究は最後の週の木、金曜日の頃に実施されることが多い。その際、多くの先生方や実習生がお互いに参観できるように、授業研究の時間帯が調整されるような工夫も必要とされる。大学からの訪問指導が予定されているときには、できる限り授業研究に合わせてそれが実施されることが望ましい。

実習の期間内には、授業や学級活動の指導のほかに、運動会、合唱コンクール、球技大

表3 教育実習における1日のスケジュール

出　勤 〜 午　前	① 出勤して出勤簿に押印 ② 担当教室へ ③ 職員朝会への出席 ④ 実習指導教師の指示 ⑤ 朝の学級指導 ⑥ 実習指導教師への報告 ⑦ 午前の実習、研修
お　昼	⑧ 給食の指導
午　後 〜 放課後	⑨ 午後の実習、研修 ⑩ 実習指導教師と連絡をとり、帰りの学級指導 ⑪ 清掃の指導 ⑫ 学級の事務的処理 ⑬ 実習指導教師に対し、実習日誌を提出 ⑭ 退勤

会や教職員の研修会などが予定されていたりすることもある。そのような場合には、実習指導教諭と常に連絡を取り合って実習に取り組むことが大切である。

　実習指導教師からは、毎日の実習場面ごとに指導を受けていくことになるが、実習指導教師以外の先生方からも指導を受ける機会もある。とりわけ、授業研究後はそれらの先生方にもお礼を述べ、講評を頂くことが重要である。研究授業後や実習終了後では、学内全員の先生方に呼びかけて、実習生の反省会が催されることが多いので、実習生で会場の準備を整え、指導を受けることが大切である。

　1日の実習の流れは、**表3**のようになる。このようなスケジュールを念頭に置き、それに子どもの1日の活動を重ねていくことが、とりあえず必要とされる。実習生は子どもの登校に合わせて教室へ行き、子どもたちと共感のまなざしで向かい合うことから実習を始めていくことが重要である。子どもの名前はなるべく早く覚え、休み時間、給食時間、放課後などのあらゆる時間に子どもたちと積極的に交わっていくことも大切である。

　子どもとの触れ合いが増えると、教材＝解釈づくりや指導案づくりなどはどうしても勤務時間外になることが考えられる。このことは、実習前から考慮し、準備を進めておくことも重要である。実習日誌については、毎日提出するものであるので、その日の勤務時間内に記入しておくための工夫が必要である。

　実習の最終日には、実習指導教師はもちろんのこと、学内の教職員へお礼のあいさつをしておくことが大切である。

第6節　教育実習の心得

　以上、述べてきたことを踏まえ、以下においては教育実習の心得として、次の3点を取り上げていくことにしたい。

　第一は、実習生としての立場の二重性を自覚して、実習に取り組むということである。

実習生は、実習指導教師に対しては指導を受けている学生である。一方、子どもに対しては教師という資格で対峙している。そこで実習中は、学生という立場から学生プラス教師という立場への変化にともなう、自覚に基づいた行動が必要不可欠のこととされてくる。このことについては、次に示すことに留意しておくことが大切である。

① 実習期間中は実習にのみ集中すること。
② 実習指導教師との綿密な連携を取りながら、確かな指導を受けること。
③ 実習校の独自性を尊重し、教育方針や校内規則を遵守すること。
④ ことば、態度、服装には十分な配慮を加えること。
⑤ 実習に関する記録を詳細に収集すること。

第二は、実習生としての厳守事項を念頭に置き、実習に取り組むことである。

教育においては、教師と子ども、子どもと子ども、教師と保護者との間での人間的な信頼関係が充足されなければならない。実習生はこの信頼関係のなかに一時的にではあるにせよ、入っていくことになる。

実習生は実習指導教師との信頼関係を充足させなくてはならないのであり、そのことが実習生と子どもたちとの信頼関係を充足させていくことになる。そしてまた、このことが実習生がいなくなった後での教師と子ども、子どもと子ども、教師と保護者との信頼関係の存立にも結びついていくことにもなる。

実習生は、このような教育の場における信頼関係の大切さを認識したうえで、次に示す責任ある行動を取らなければならない。

① 教職員の信頼を得られるように行動すること。
② 常時、実習指導教師のもとで行動すること。
③ 教師、子どもそして保護者の誤解を生むような行動はしないこと。

第三は、教師としての遵守事項を念頭に置き、実習に取り組むことである。

実習生は、実習指導教師の指導のもとという範囲内ではあるが、教師として行動することが重要である。そこでは、教師に適用されている法令上の遵守事項が実習生にも適用されることになる。

教育基本第6条では、学校が国・公・私立を通じて「公の性質」をもっていてその教員が「全体の奉仕者」であると定められている。

したがって、以下において、国家公務員法や地方公務員法の服務に関する条項ならびに教育関係法規に基づきながら、実習生に、とりわけ関係すると思われる遵守事項を取り上

げておこう。

① 勤務時間および職務上の注意力のすべてを、その職責遂行のために用いなければない(国家公務員法　第101条、地方公務員法　第35条)。

② 職員は、その職の信用を傷つけ、又は職員の職全体の不名誉となるような行為をしてはならない(国家公務員法　第99条、地方公務員法　第33条)。

③ 職員は、職務上知り得た秘密を、その職を退いた後も、漏らしてはならない(国家公務員法　第100条、地方公務員法　第34条)。

④ 校長および教員は、教育上必要があると判断される場合は、一定の範囲内で、児童・生徒に懲戒を加えることができるが、しかし体罰を加えることはできない(学校教育法　第11条)。実習生の場合、正式の教員ではないわけであるから、このような懲戒権は認められない。

⑤ 学校は、特定の政党を支持あるいはそれに反対するための政治教育その他政治的活動をしてはならず、国および地方公共団体の設置する学校は、特定の宗教のための宗教教育その他宗教的活動をしてはならない(教育基本法　第8条および第9条)。

引用・参考文献
(1) 吉本均『授業の原則－「呼応のドラマ」をつくる－』明治図書、1987年。
(2) 岸光城・羽原貞夫編『教育実習』(教職専門シリーズ⑨)ミネルヴァ書房、1993年。
(3) 村山英雄編『子どもと学校』(教育学入門) ぎょうせい、1997年。
(4) H．マイヤー著、原田信之・寺尾慎一訳『実践学としての授業方法学』北大路書房、1998年。
(5) 山﨑英則・北川明編『教育の原論を学ぶ－一人ひとりに生きる力を－』学術図書出版社、2000年
(6) 切明悟『探検・子どもの勉強の世界－子どもの集団形成過程と自己形成過程－』東方出版、2001年。

(三橋謙一郎)

第2部
児童・生徒の実態

第3章　小学生とは

第1節　教育実習に不安を覚えるのはあたりまえのこと

子どもたちの笑顔に「励まされ」て自信がもてた……ある「実習記録」より

> 　教育実習を行う前は、不安ばかりで、校門をくぐったときにはため息が出るほどでした。でも、一週間たち、学校の雰囲気や子どもたちにも慣れて不安だったことはほとんどなくなり、逆に毎日学校に行くことがすごく楽しみになりました。子どもに「おはよう」といってもらえるだけで「今日もがんばろう」という気になります。子どもたちの名前を覚えて声をかけると、うれしそうに笑ってくれる様子が毎日の励みだったし、印象的でした。大学で「学級崩壊」について調べたり考えたりしてきたのですが、そんな学級はほとんどなく、ただただ感心してしまうことが多かったです。
> 　わたしのへたな授業にも一生懸命こたえてくれて、「先生、この前よりもわかりやすかったよ」といってくれたことばに励まされました。反省することもあげればきりはないのですが、こうやってふり返ることができるのも、この実習を通して私自身が少しは成長したからかなと、いま思っています。

（2002年度の教育実習生Eさんの『実習記録』より）

不安のもとはなんだろう

　教育実習前の学生の多くは、さまざまな不安を抱えている。そのなかでもとくに多いのが、「授業がうまくできるだろうか」、「子どもに嫌われたらどうしよう」というものである。しかし、これは教育実習に固有のものではない。どんなに経験を積んだ教師でも、子どもと初めて出会う新年度の4月は緊張するという。とくに近年は、さまざまな難しさをもった子どもが増えており、一度対応をまちがうと、それを取りもどして子どもと深く交流するのにかなり苦労をするという話もよく聞く。まして近頃の報道などでは、「キレル子ども」「教師の指示に従わないで平気な子ども」というようなことばがクローズアップされていることもあって、子どもがなにを考えているかがわからないことに実習生が不安を覚えるのも当然である。

　だが、過剰な心配は不要である。確かに、いまの子どもたちは大人たちとは異なる価値観や行動規範をもっているかもしれない。しかしより重要なのは、教育とは本来、異なる

価値観をもっている者同士の出会いからはじまる営みであるということである。そのことから考えれば、むしろその違いと交流を楽しむことこそが教師の醍醐味とさえいえるのではないだろうか。不思議なことに、いざ実習がはじまってしまうと、実習前の不安などいつのまにか解消されて、Eさんのように、「子どもたちと過ごす時間がたのしくてしょうがない」という感想を多くの学生が抱くのも事実なのだから。

第2節　よく見るところからはじめよう

1　好奇心いっぱいの低学年

　教育実習で配属されたクラスが1・2年生の低学年の場合、おそらく思っていた以上に子どもが「幼い」ことに最初は面食らうかもしれない。低学年はまだ幼児期を抜けきっていない子どもがほとんどである。机に向かって長い間勉強を続けることに慣れていないし、からだもじょうずにバランスがとれなくて、走っていてもいつ転ぶのかと心配するほどである。また、ことばで自分の気持ちや要求を表現する力は十分にはついていない。口よりさきに手が出て、なんでもないことでけんかになったり、人の話を聞くよりも、とにかく聞いてほしいという気持ちが先になったりする。したがって、教師の「指示」もていねいにわかりやすく行われなければならない。大人が、「こんなことは当然わかっているだろう」と思うことがまったく子どもには通じていないことは、多くの場面で経験する。また、自負心や競争心が急速に発達する時期でもある。遊びやゲームの勝ち負けに異常にこだわり、時にはルール違反や、負けると泣いて悔しがる子も出てくる。こうした傾向はいずれ高学年になるにしたがって消えていくが、自負心や競争心の強まりは子どもの成長のバネであることを見通しつつ一定の秩序を保つことが、学校生活のなかでは必要とされる。一方、この時期の子どもたちには、学校生活の毎日が新しい発見に満ちている。大人から見れば、なぜそんなことに興味をもつのかわからない、ということも多い。しかし、こうした好奇心の芽を育てることが、次の学習や生活への意欲につながっていくのである。

2　自分の世界を作り始める中学年

　中学年になると子どもたちは、グループを作って活発に遊びまわるようになる。親や教師の目から離れて仲間との遊びの世界をもつようになる。この集団のなかでの約束事が、ときには大人のいうこと以上に子どもにとって重大な意味をもつことさえある。昔から、この時期のことを「ギャング・エイジ」と呼んできたのはこのためである。それまでの自己

中心的な世界から、自分を他人との関係や仲間集団の関係のなかで知り、新たな自分を発見するという経験が始まる時期なのである。しかし、同時に自分たちの遊び集団の結束を維持するためにグループ内の誰かを標的にした「いじめ―いじめられ」関係ができやすい時期でもあり、この関係が固定化したまま高学年を迎えてしまうことも最近では少なくない。とくに、知的・身体的発達の違いが個人によってかなり明確に表れる時期でもあるので、教師や周りの大人の配慮もときには必要となる。

　学習の面でも「9歳、10歳の壁」と呼ばれる知的発達の重大な飛躍の局面がこの時期に訪れる。授業の内容も具体的なものから、より抽象的な認識や操作を必要とするものに変わっていく。「リンゴ」、「ミカン」などといった具体物を使った数の操作ではなく、日常の生活ではほとんど経験することのない少数や大きな数を使って思考したり、「○○くん」「□□ちゃん」という固有名詞で語られる世界だけでなく、抽象的な「人間像」を表象しなければならない場面も増えてくる。たいていの場合、親も教師もそして本人も、いつのまにかこの「壁」を乗り越えていくのだが、そのような「抽象の世界」へじょうずに入っていけない子どもたちは、その後の学習につまずきをおこす可能性もある。実習中にこうした子どもたちに出会うこともあるが、そうした場合、ていねいに低学年に与えるような方法で指示や援助を行うといった配慮も必要となってくるだろう。

3　大人への入り口にさしかかる高学年

　小学校高学年には思春期にさしかかる子どもも出てくる。思春期には大人になることへのおそれや自分が人からどう見られているかということへの不安などをはじめ、関心が自己の内面に向き始める。第二次性徴の発現するこの時期になると、身体の変化や異性に対する興味や関心は急速に増大し、ある意味で最大の関心事とさえなる。一方で、自分の意志に関係なく現れる自分の身体の変化には不安がつきまとい、友人と比較して「早すぎる」「遅すぎる」「大きい」「小さい」と思い悩んでもいる。こうした不安や悩みも、人間の成長にとって欠くことのできない重要な意味をもっているのだが、それだけにちょっとしたことばや表現によって深く傷つくこともあることに注意しなければならない。子どもと大人がひとりの人格のなかに混在するこの多感な時期をいかに豊かに過すかが、その後の人生にとって重要な意味をもつことも少なくない。その意味でも、子どもをひとりの固有の人格として尊重し、その個性を大切にする対応が求められる。

4　一人ひとりはみんな違う

　いま、各年齢段階の子どもたちの知的・精神的・身体的発達の特徴を目安として掲げた

が、当然のことだが、これらは個人差が大きいものであり、実際には、実習生自身が、自分の目と耳そして身体を通して、目の前にいる子どもを把握することが何よりも大切である。ただ総じていえることは現代の子どもたちが、こうした一般的な発達段階を土台にしながらも、変化の激しい現代社会のさまざまな影響のなかで発達上の困難やねじれを抱えながら生活していることである。そこで、次節では今日の子どもが抱える困難に教師が日々どのように向き合っているのかをいくつかの事例から検討してみる。

第3節　子どもの願いの奥の奥に向き合う教師
――子どもの「ムカツキ・いらだち」から考える子どもの世界

1　友だちとの関係の「不自由さ」

　1980年代には、学校による「管理」への反抗を背景として、子どもの暴力的・反抗的な行動が目立つ時期があった。「校内暴力」や「器物破損」などが発生して、教師たちがそのような「非行」を「厳しい指導」で押さえ込まざるをえないといった状況に見舞われた学校や地域も見受けられた。近年はそのようなかたちでの「荒れ」はそれほど目立たない。むしろ、何かはっきりはしないが普段からむかついたりイライラしていて、それがある日突然具体的行動に現れるといった「新しい荒れ」の現象が指摘されるようになってきた。1998（平成10）年の文部省（現文部科学省）による調査でも、「自分がイライラ、むしゃくしゃする頻度」が「日常的によくある」「時々ある」とこたえた小学校高学年の子どもは78.4％にも達している。また、同じ調査で「不安を感じる頻度」を尋ねたところ、やはり55％の子どもが、日常的に不安を感じていると答えている。

　これらの原因を深く追究することはここではできないが、子どもたちが、どんなときにいらだったり不安になったりするのかを見ると、圧倒的に「友だちとの関係がうまくいかないとき」という回答が多く、それに続いて「授業がわからないとき」「教師や親にしかられたとき」という順となっている。そうだとすれば、子どもたちの学校生活にとって、友だちとの関係が良好かどうかがきわめて重要なものであるといってさしつかえないだろう。

　この点に関して次のように述べる論者もいる。

> 　80年代半ば頃から、子どもたちの間で、友だち関係の緊張が非常に強くなってきて、友だちからはずされることをひどく恐れ、友だちと一緒にいようとするのだけれど、そのために、友だち関係を支配している雰囲気とかことばとかファッションにあわせようとして

> 気遣って、本当のことが言えないで疲れてしまうといった姿が目立ってきました。友だちからはずれることを恐れて、友だちと一緒にいようとするが、その友だちのなかで(かえって)不自由になっている。そういう問題が、今の子どもたちの世界に広がっていると思います。
>
> (田中孝彦『子どもの声に耳を傾け、学習指導の質を変える』2001年)

　このような子どもたちの「不自由な関係」をどう解きほぐしていくのかが、今日の教師の指導力として問われているといえる。学校は、さまざまな生育歴をもった「異質」な子どもたちが、はじめて本格的にともに時間を過ごす経験をする場でもある。子どもたちの間でもめ事や「不自由な関係」が生じるのはある意味で当然のことである。重要なことは、そうした現場に立ち会った教師が、あわてて「上から」「仲良くしよう」と唱え統制するのではなく、もめ事や「不自由な関係」の経験を通して、逆に自由で安心できる関係を子どもたち自らが模索することを励まし、援助することである。

2　子どものいいたいことをいい切らせる努力

　一方、子どもたちのイライラした状態が、学校で、とくに授業の場面で作り出されていることを考えるならば、教師の指示や発言の質を考えてみることも必要であろう。とりわけ低学年では、教師の指示に対して、疑問や意見をことばとして表現できない子どもも多い。こうした場面でどのような対応が必要なのかを考えるために、長くなるが、二年生を受け持ったある教師の手記を引用しておく。

> 　前の担任から、ある子どもについて、「友だちとすぐ言い争いになり、暴れる、わめく、自分から机やいすを廊下に持ち出して教室に入ってこないことがある」と聞いていた。
> 　四月のある日のこと、「給食だより」のプリントを配った後、私が、「算数をはじめるので、プリントを片づけて、本とノートを出しましょう」と言った。
> 　ところが、その子がまわりの女の子三、四人に対してわめきながら、机と椅子を教室から持ち出そうとしていた。まわりの〝しっかりした〟女の子にプリントを机の中に無理矢理入れられ、本とノートを引っ張り出されようとしたのだった。この子がわめくのは、こういうときなんだなと、私ははじめて気がついた。この子は、教師の意に添う行動のできる〝しっかりした子〟に「自分のやりたいことがあるのだ」ときちんと反論できなくてわめくんだ、と思った。
> 　そこで私は、「けじめをつけて早くしなさい」とは言わずに、クラスのみんなに聞こえるように、その子に、「君はどうしたかったの」と聞いた。その子は、「今日と、これからの給食で、何が出るか見たかった」と言う。まわりの女の子たちは、「いつもこうなんだから」

> とその子を激しく攻撃する。
> 　私がみんなに、「もっとプリントを見ていたかった人」ときくと、あちらこちらで手があがる。それからしばらく話し合いをつづけ、
> ○「先生、ちょっと待って、もっと見たいよ」と言える組(クラス)にしよう。
> ○「どうして」と聞かないで、無理矢理手伝うのはやめよう。ということになった。
> 　その子どもには、その後四、五回同じようなことが起こったが、その場面ごとに、私は、その子どももみんなも、いろいろなことを思っている、すぐに我慢できることとできないことは、人によって違う、人に迷惑をかけないことなら、その人の気持ちを大事にしてあげよう、というようなことを繰り返し話した。
> 　その後、その子は机や椅子を自分から廊下に出すような行動はすっかりなくなり、生活全体が落ち着いてきた。

(村山士郎編 『ムカつく子ども・荒れる学校』1998年)

　教師が自分の思う通りに子どもたちを「動かす」ことをあせって、かえって問題の解決を遅らせてしまう場合もある。むしろその子どもが、いま何をしたいのかをはっきりさせて、その上で一番よい解決策をともに考えるといった配慮が必要であろう。

3　問題がないように見えても、教師は常に子どもの声に耳を傾けて

　また、何も問題を感じない場合にもつねに子どもたちが、自分の思っていることがいえているのか、そして安心して学校で生活ができているのかを注意深く見つめることは必要である。子どもの声を聴くということは、簡単なように見えて実際にはなかなか難しい。

　ここでは、低学年の子どもたちに対して次のような工夫をして子どもの声を聴き取ろうとした実践を一例としてあげておく。

> 　埼玉の小学校一年生のあるクラスでは、「なぜだろう、たんけんたい」が、教師のよびかけでできた。この「たんけんたい」が集めてきた「なんでも、なぜだろう」には、次のようなものがあった。
> ・なんでかみの毛は、のびるんだろう。(じゅん)・なんで雲はそっとうごくの(いけだ)・なんではっぱは、いろいろな色なんだろう(ひろこ)・なんで えんぴつは、かけるんだろう(りさ)・なんでじしゃくは、くっつくの(ひとみ)・なんで火は、あついんだろう(ゆうへい)・なんで小学校は、6年生までなんだろう(かすみ)

　この実践は、「子どもたちが学校用の顔で生活しているのではないか、一番にいいたいこと心にたまっている思い、わかってほしいことを出せないでいるのではないか」という思いから、「どうしたら子どもたちの心の声が聞けるのか」と考えたところからはじまって

いる。先に紹介したのはそのほんの一部だが、この教師によれば「なぜ」、「どうして」と型を与えることで、子どもたちは安心して口に出していってみることができているように思えたという。この経験をもとにこの教師は次のように述べている。

> わからないことを「わからない」といってみる機会は、案外いまの学校のなかにはないのではないのでしょうか。わからないときには黙っているということを自然に身につけてきた子どもたちにとって、「なぜ」といってもいいのだという安心感は新鮮な喜びをともなっていたのではないでしょうか。

(佐藤隆編『現代と教育』第52号、2000年)

これ自体は本当に小さな試みかもしれないが、こうした積み重ねが教師と子どもの信頼の絆をしっかりとしたものにしていくことにつながっているのではないだろうか。

4　子どもの見方のルネサンス

いつの時代でも子どもを教え育てていくということは、けっして簡単なことではない。今日の子どもたちが抱えている困難に向き合おうとすればするほど、教師たちは、うまくいかないのは自分のせいだと思い悩む。なかには相当なベテランの教師でもひとつの出来事をきっかけに「自分には力量がない」とか「本当は教師には向いていないのでは」と考えてしまう場合すらある。

次に掲げるのは、学級経営に自信を失ってしまった教師が同僚の教師の励ましや「カウンセリング」によって、再び自信を取り戻していくなかで、自らの「子ども観」「子どもの見方」の転換を語る部分である。

> 　私が、私のクラスの子どもたちが協力的になってもらうためにできることは、一人ひとりの自己評価を上げていくことなんだと思います。「そのままのあなたでいいよ」「そのままのあなたで十分素敵ですよ」というメッセージをいかにたくさん送れるか、それが私の課題なんだと思います。また、子どものよくない行動を見つけるたびに、「どうしてこの子はそういう行動をするのだろう？」と私は考えがちでした。そして、「親が、まわりの教師が」「地域が」「行政が」と、どこかに犯人や原因を見つけることで消耗していたように思います。
> 　(しかし)子どもの行動で、いやなことがあれば、「やめてもらえないかな？」と、お願いをすればよかったことだし、「授業に参加してくれない？」「仲よくしてくれないかな？」とこちらの気持ちを伝えられれば、たいていのことは通じていくものなんだと思います。たとえ、その場ではすぐにわかってはくれなかったとしても、それは『悪意』ではなく、よりよい行動の仕方を知らないか、または、変わっていくことの勇気が足りないかのどちら

> かなんだと思えるようになりました。叱ったり、注意したり、命令したり、罰したりする以外の教育方法を知らなかった私のように、なかなか「ありがとう」が言えなかった私のように、よりよい方法を知らなかっただけか、少しだけ勇気が足りなかっただけなんだと思います。子どもは自分から変わっていこうと思っていると、信じられるようになりました。

(近藤邦夫・汐見稔幸編『これからの小学校教師』、1997年)

教育実習のなかでこのような場面に出会うことはまずないといってよいだろう。しかし、この教師のように、「子ども理解」の新たな水準の獲得の過程で、自らの教育実践を対象化する努力とセンスは今後ますます教師の力量として求められることになるであろう。

第4節 実習生にもできること、してはいけないこと

1 実習生だからできること

これまであげてきた教師の実践は、経験を積んだ教師が日々の子どもたちとの触れ合いと格闘のなかからようやく編み出してきたものであり、すべての教師が同じ立場に立てるとは限らない。ましてわずか1カ月ほどの実習で、こうしたことが実際に理解できたり実践できると考えることは誤りでさえある。しかし、実習指導にあたってくれている教員が、それぞれの子どもたちとどのような関わりのなかで個性的な自分の実践のスタイルを作り出しているのかを学ぶことは、きわめて重要である。

同時に、実習生という立場だからこそできることもある。実習生は、子どもたちがふだん接している教師たちより若く年齢も近い。それだけで子どもたちにとっては親しみやすい存在である。「先生とはちょっと違う上の兄、姉さん」という感覚で接してくる子どもも多い。そのような感覚で接してくる子どもたちと一緒に「遊ぶ」機会である休み時間や放課後の「部活動」などは、授業中とはまた違う子どもたちの表情を知ることができる絶好のチャンスである。子どもたちもまたこうした時間を通じて実習生を知り、交流したいと願っている。こうしたときに実習生自らが積極的にうち解けていこうとする姿勢を示すことが、その交流をより豊かなものにしてくれるはずである。

2 スタッフの一員であるという自覚

また、高学年の場合には、「実習生だから」という気やすさから、担任の教師にもいえない悩み事や相談をもちかけられる場合もあるかもしれない。なかには教師への不満やふつ

うでは知りえないプライベートな問題を持ちかけられることもある。その場合、まずは、その問題を正確に理解することであるが、同時に重要なことは次のことである。 第一に、実習生は、専任の教師に比べてその子どもとのつきあいが非常に短く、ほとんどその子どもについては何も知らないということを自覚することである。また、実習期間が終了すれば、子どもに対しては何の責任も負えない事実も認識しておかなければならない。しかし第二に、たとえ期間が短くとも実習中はその学校のスタッフの一人であるという自覚も必要である。したがって、その子どもが抱えている問題が少しでも改善されるように努力することも必要になってくる。そのために、子どもに対しては率直に担任または学年の教師などに相談できるように助言を与えるべきであろう。また問題の性質と緊急度によっては、すぐにでも担任の教師と情報を共有すべきものもあるだろう。いずれにしても、子どもの人格を何よりも尊重するということを基本に据えるのは当然のことである。

引用・参考文献
(1) 近藤邦夫・汐見稔幸編『これからの小学校教師』大月書店、1997年。
(2) 村山士郎編『ムカつく子ども・荒れる学校―いま、どう立ち向かうか』桐書房、1998年。
(3) 田中孝彦『子どもの声に耳を傾け、学習指導の質を変える』北海道子どもセンター、2001年。

(佐藤　隆)

第4章 中学生とは

第1節 中学校での教育実習体験

　学生は2000(平成12)年度の入学生から、原則4週間の中学校での実習(単位に換算すると5単位、うち学内の事前・事後指導1単位、教育実習4単位分)をすることになっている。郷里の出身中学校で行うか、大学附属の中学校で実施するかに基本的に分かれるが、文部科学省の方針では中学校と隣接する学校(小学校・高等学校)で原則的には実習してもよいことになっている。

1　教科指導について

　中学校教諭一種免許状取得を希望する実習生は、2000(平成12)年度入学生より「教科に関する科目」については20単位以上、「教職に関する科目」については23単位以上、そして「教科または教職に関する科目」については16単位以上、トータル59単位以上を修得しなければならない。「教科または教職に関する科目」についての単位の取り方は各大学の主体性に委ねられている。「教職に関する科目」のなかの「各教科の指導法」については4単位以上を修得し、各教科の指導に関する知識・技術を習得し学習指導案の立案について多くを学ぶことになっている。学内の事前・事後指導では、大学によって学習指導案の作成後模擬授業を実施したりして、実習校での実地授業や研究授業ができるようにする大学もある。

　実習生は、実習校でまず校長・教頭先生などから学校運営や学級経営・生徒指導などのオリエンテーションを受け、続いて教科の指導教諭から教科指導のオリエンテーションと、クラスの先生からは「道徳の時間」のオリエンテーションを基本的に受けることになっている。第2週目あたりから各教科の授業参観が始まり部分的に授業に参加したりして実地授業に入るが、生まれて初めて教壇に立つこともあって苦労するようである。実習生は「授業の指導案を作成し、毎日夜遅くまで残り授業準備を行って」いる。担当の指導教諭のチェックを何度も受けながら授業に臨み、この実地授業を数回試みて研究授業・評価授業に結びつける。

　何度かこのような経験を積んだ実習生は、「流れをつかみ授業」ができるようになっている。「それなりにうまく行き始めると楽しくなり、生徒の反応も想像できる」ようである。

授業に関しては、先生からも生徒からも暖かく支援してもらっている様子が窺える。

2　生徒とのコミュニケーション

　実習生にとって7～8年振りの母校であったりするが、時代の変化もあって学校と生徒の変わりようを実感している。実習生は、生徒に対して何らかの「イメージ」を抱いて実習に出ているようである。しかし、このようなイメージは教科や給食・掃除などの指導を通じて、「自分が思っている行為や反応とはまったく違う」ことを経験して修正を余儀なくされている。そのきっかけは、「生活日誌や自主学習ノートにコメントを書くと生徒たちがすぐに反応」してくれたりすることから始まっている。実習生は「本当の先生でもなければ、生徒でもなく立場の取り方が本当に難しかった」けれども、「生徒との交流は新鮮でいい刺激を」受けている。

　「教育実習の2週間は、私の22年間の人生のなかで最も充実した2週間」だったという述懐が、この実習の持つ意味を真に言い得ているようである。

> 　私の母校は2全校42名の小規模校であり、実習生も私1人であった。家庭科専門の教諭がおらず、他の実習生に較べて教科としての学習・修得は少なかったように思うが、心の部分(先生と生徒の関わり、信頼関係、部活動、休み時間)というか、人間に本当に大切な『気持ち、心』を本当にたくさん学んだ。子どもの純粋さ、素直さ、部活動での感動、生徒にも、先生にもいろんなところでたくさんの気持ちを味合わせて頂いた。実習を終えた今、先生の生徒への責任はあまりに重すぎるけれども、先生の存在ってすばらしいなと、先生になりたい気持ちでいっぱいである。

(2002年度の教育実習生Fさんの『実習記録』より)

第2節　中学生のこころとからだ

　心理学では、一般的に、中学生は青年期のなかでいえばその前期に、高校生は中期に、大学生は後期に位置づけられるが[1]、とくに青年期前期は思春期とも呼ばれる。中学生(青年期前期)は、青年期自体が今日30歳ぐらいにまで延長しているとの指摘もあるなかでそのスタートをきる、難しい年頃なのである。

1　中学生のこころ

　いままで中学生は小学生の児童的心性のなかにいた、つまり親や教師をはじめとした社会の価値や規範を受け入れそれに甘えたり依存してきたのであるが、いまやそれらからの「自立」のとき、「社会的人格の形成期」のなかにいる。身体的な変化もさることながら、義務教育の最終段階ですべての生徒が生まれて初めて「競争的選抜」に当面する。親・家族ま

た教師・学校との関わりのなかで中学生は、自らの人生の進路を選択していかなければならない。就職するのか進学するのか、また進学の場合は高等学校の校種や学科の選択を迫られる。

このような社会的文化的圧力がかかり始める時期であり、「もう子どもではない」といって大人からの自立が促されるかと思えば、「まだ大人ではない」として社会的な規制や制限のうちにあることを求められる、いわゆる「境界人(marginal man)」なのである。したがって、中学生のこころは不安定な状態にあるのも当然のことといえよう。

2　中学生のからだ

中学生は、身体の面から言えば「第二次性徴」が現れる時期にあたる。男性であれば射精

表1　中学生に勧める10冊の本（男子）

中学生に勧める10冊の本　PART1

① 『性についてはなそう！』全8巻（ポプラ社）
　木谷麦子、小宮山みのり、小林博ほか著
　村瀬幸浩監修
　マンガ、写真、イラストなどふんだんに使って性のすべて——出産、共生、エイズ、交尾など——について語りかける。
② 『思春期ガイド』（十月舎）
　河野美代子、村瀬幸浩著
　知りたいこと、わかりたいことに正面から答えてくれる。イラストもきれい。
③ 『エイズとＳＴＤ』（岩崎書店）
　北沢杏子著
　性の病について、10代の悩み相談室に寄せられた中学・高校生の声にわかりやすく答えた本。
④ 『男の子のからだとこころ』（成美堂出版）
　村瀬幸浩著
　思春期の男の子のからだ、こころ、セクシュアリティを図入りで詳述。
⑤ 『心はチョコレート、ときどきピクルス』（筑摩書房）
　ステファニー著
　13歳のパリジェンヌの2年間の出来事と思いがつづられたノート。
⑥ 『だれが君を殺したのか』（岩波書店）
　イリーナ・コルシュノウ著
　友だちの死を目撃した自分。あれは事故だったのか……。愛、孤独、反抗、友情などを描く。
⑦ 『「うそじゃないよ」と谷川くんはいった』（ＰＨＰ研究所）
　岩瀬成子著
　一人っ子るいは小学校5年生。学校でほとんどしゃべらない彼女の前に転校生の谷川くんがあらわれた。
⑧ 『さよならピンク・ピッグ』（金の星社）
　Ｃ．アドラー著
　望み通りの良い子に育てようと必死になる美人で有能な母親。丸ごと愛されない不安や淋しさの中のアマンダ。
⑨ 『優しさ』（新樹社）
　シンシア・ライラント著
　画家である母親と高校1年の息子の葛藤を描く。親子はどうあったらいいのか。
⑩ 『話すことがたくさんあるの……』（講談社）
　ジョン・マーズデン著
　両親から見捨てられたも同然だった少女が、父親への愛に目覚め、自立の日を歩み始める。

（出典：村瀬幸浩／堀口雅子著『性・こころ・からだ』東山書房、1993年）
※（筆者により加筆）

や声変わりなどが、女性であれば初潮や胸の膨らみがなどが見られる。こうした性的な変化は、女性性と男性性の目覚めをともないながら、「愛と性の悩みと揺れ」を引き起こす。性のアイデンティティの容認と否認との間を揺れながら、性同一性を獲得しはじめる。と同時に、それは異性への精神的なあるいは身体的な関心や接近欲求となり、多様な悩みとなって現れている。

　表1として中学生の「からだ男の子編」で、表2として中学生の「からだ女の子編」で紹介されたそれぞれ10冊の本を示しておきたい。中学生に勧められた本であるが、実習生がこれらの内の何冊かを読んで悩み多き中学生のこころとからだを理解して実習に臨んでもらいたい。

表2　中学生に勧める10冊の本（女子）

中学生に勧める10冊の本　PART2

① 『青年期、精神病理学から』（中央新書）
　　笠原　嘉著
　　赤面恐怖症・体臭恐怖症などについて書かれている。
② 『拒食、過食のながいトンネルをぬけて』（女子栄養大学出版部）
　　鈴木祐也著
③ 『いのち・からだ・性』（高文研）
　　河野美代子著
　　恋愛、妊娠の不安、セクハラ、性の悩み……。悩める10代の質問に、著者が答える。
④ 『少女たちへ』（学事出版）
　　北山郁子著
　　自分の体と性について知る。
⑤ 『少年の性』（大月書店）
　　奥田継雄著
　　男の子の性をズバリ。文学書とともに。
⑥ 『「美しい性」を生きる』（学習の友社）
　　高柳美知子著
　　体の変化への戸惑いを文学から。
⑦ 『女のからだBOOK』（主婦の友社）
　　野末悦子著
　　ティーンから更年期までの月経トラブルについて書かれている。
⑧ 『まちがいだらけの包茎知識』（青弓社）
　　飛波玄馬、岩室紳也、山本直英著
　　泌尿器科の専門医と性教育のベテランによる包茎の正しい知識ガイド。
⑨ 『生理痛と生理不順』（主婦の友社）
　　堀口雅子著
　　月経のメカニズムとトラブル、Q＆A。
⑩ 『こんなとき、どうするの？　知りたくてもなかなか聞けない月経のすべて』（飛鳥新社）
　　ジェニファ・グラヴェル／カレン・グラヴェル著
　　前田京子訳　堀口雅子監修
　　お母さんにも読んでもらいたい。お父さんからのメッセージもある。

（出典：村瀬幸浩／堀口雅子著『性・こころ・からだ』東山書房、1993年）
※（筆者により加筆）

「現代の愛は、もはやかつての愛ではない」[(2)]といわれるほどに、男女の関係が急激に変化し、かつどのような急激な動揺よりも遙かに重要ではなかろうかと横湯園子は述べ、大人自身もその揺らぎのなかにあるとしている。「愛と性」は、きわめて個人的・個性的な領域のものであるが、お互いを慈しみ合うパートナーシップと作法が求められよう。

第3節　思春期のなかの中学生

多感な中学生の実像に迫り、求められる「理想像」とのなかで苦悩し、やり過ごしている彼ら・彼女らの実態をここでは以下の2領域で見てみたい。

1　中学校で

富田充保は、14歳を対象としたNHKの調査を紹介しながら、今日の中学生の人間関係でなにより「友だち関係」が大切になっていると述べている（**表3**参照）[(3)]。そのなかでも、「親友と呼べる友だちがいる」中学生が8割強だとし、その親友の数は男子で6割強、女子で4割強が「10人以上」であるとのデータを示している。しかも、そのほとんどが「同年齢」で

表3　「つきあい方」1982年と1987年の比較（中・高生全体の男女別）

[%]

		なんのかくしだてもなくつきあう 1982	なんのかくしだてもなくつきあう 1987	心の深いところはださないでつきあう 1982	心の深いところはださないでつきあう 1987	ごく表面的につきあう 1982	ごく表面的につきあう 1987	いない 1982	いない 1987	わからない無回答 1982	わからない無回答 1987
親友	全	65	59	22	24	9	13	3	2	2	2
	男	56	50	26	28	12	18	3	2	2	2
	女	73	70	17	20	6	7	3	1	1	2
担任の先生	全	16	12	32	29	50	57	0	0	3	2
	男	18	14	33	28	46	55	0	0	3	2
	女	13	9	31	29	53	60	0	0	3	3
お父さん	全	44	41	35	35	16	18	3	3	3	4
	男	47	43	32	31	15	19	3	3	3	4
	女	41	38	39	38	16	16	2	3	3	5
お母さん	全	53	50	33	31	11	15	1	1	3	3
	男	50	47	34	31	13	19	1	1	3	3
	女	57	54	32	30	9	11	1	1	2	3
普通の友達	全	11	9	45	40	43	50	0	0	1	1
	男	13	11	39	33	46	54	0	0	2	1
	女	8	8	51	47	40	45	0	0	2	1

1982年　[全] 3,113人　[男] 1,590人　[女] 1,523人
1987年　　　 1,556人　　　 793人　　　 763人

[出典] NHK世論調査部『現代中学生・高校生の生活と意識』明治図書、1991年.

（出典：片岡洋子／佐藤洋作編『中学生の世界2　中学生をわかりたい』大月書店、1999年）

「同じクラス」「同じクラブ・部活動」の人間関係のなかにいるという。

新学力観の登場以来、学校生活のあらゆる領域が評価の対象となり、息苦しさが漂っている。校則の行き過ぎもあるだろうし、学力の競争がまたぞろ見え出してきている。そのようななかで、「一番自分らしさを発揮できる」のは、「友だちといる時」が6割強をしめる中学生にとって、「深入りしない親密な関係」が彼・彼女らが時代状況のなかで編み出したけなげな「集団づくり・社会制作」なのである。

しかし、このような「集団づくり・社会制作」が時として学校病理の一つである「いじめ」をもたらす

図1　学年別いじめの発生件数（小・中・高）

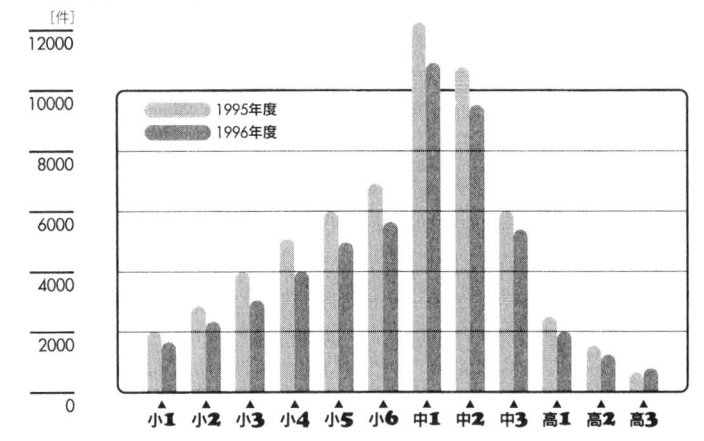

［出典］『1996年度　文部省問題行動調査』

（出典：片岡洋子／佐藤洋作編『中学生の世界2　中学生をわかりたい』大月書店、1999年）

図2　中学生はどれくらいキレているのか？

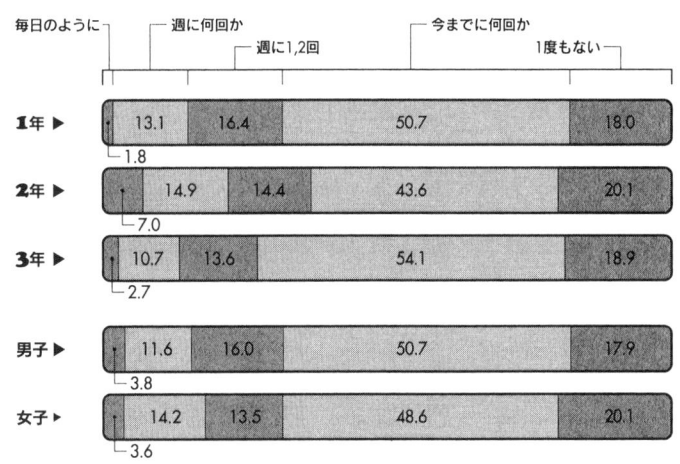

数字は％、調査数1,235人／［出典］『朝日新聞』1998年10月31日付(夕刊).

（出典：片岡洋子／佐藤洋作編『中学生の世界2　中学生をわかりたい』大月書店、1999年）

こともあり、中学1年から2年生にかけてピークになっている。また、田久保清志が指摘しているように（田中孝彦・高垣忠一郎編『中学生の世界2　中学生をわかりたい』大月書店、1999年、87～89頁）、子どもが、とくに中学2年生の時期に「キレ」やすいことも明らかである（図2参照）。思春期のなかでも中学2年生の頃に、発達上の困難が見られるようであり、それはまた初めて高校受験という「競争的選抜」にさらされることとも関係していよう。

2　学校外で

都市化、核家族化のなかで人間関係の「希薄化」が叫ばれる一方、学校と同じようなこと

が家庭でも見られるとの指摘がある[4]。片桐洋子は同じくＮＨＫの世論調査を引いて、「親と子の価値観の差が縮まり、友だちのような親子関係が増えてきた」とし、親密な親子関係が見られるとしている。

今日の中学生は、「ムカツキ」「キレル」ことがよくあるようであるが、壬生博幸のアンケート結果によると[5]、「しょっちゅうある」と「時々ある」を加えると彼の勤務校では、ほぼ80％の中学３年生がそう感じているという。また、「ムカツク相手」は母親、父親、兄弟、教師、友だちの順であったとのことである。家庭での親密なとくに母子の関係がそこに窺えると同時に、兄弟あるいは家族数が少ないことによる過干渉と過保護の実態が浮かびあがってくるようである。

このような家族を包み込んでいる現代社会は、バブル経済後の不況のなかで親たちの、また若者たちの雇用不安と生活不安をもたらしている。大人たちの不安と混乱は、こどもたちにも反映していると見るべきである。

第４節　求められる学校・教師

ここでは、生徒の前に立つ教師として心しておいた方がいいことを、現場の先生方の長年の苦しい経験から得られたアドバイスを通して紹介することにしたい。

１　求められる学校

「自分探し」の多感な中学生は、公立学校では「学区制」によって基本的に決められた中学校で３年間を過ごす。教育の原像からすると中学校も小規模校が望ましいし、またクラスの人数も40人よりも少人数の方がいい。これらは教育行政が判断することなのでいかんともし難いが、規制緩和の流れのなかで少しずつ実現の方向にある。

小規模校で少人数のクラスだと、教育を受ける主体である子どもたちが「ありのままの自分」に近い自分であり得る可能性が高い。学校で子どもたちが生活の主体でありうるし、「学びの主体」であることもできやすい。

「近代学校」と「近代教育」が、制度の面からも内容の面からも見直しが迫られている。

２　求められる教師

80年代の「学校の荒れ」が今日も続いているようであるが、そのなかで現場の先生方の苦悩する姿が伝えられる。基本的には、もちろん教師であることに理想と希望を抱いて職にあるのであるが、現実には学校内外での問題行動や授業の不成立に悩み、葛藤している教

師の姿がある。

　たとえば、「一年生の時の『しつけ』が大切」「教師と生徒の立場の違い＝力関係をはっきりさせ」、「是は是、非は非、ということをきちんと教えなくてはいけない」。「教師がのりこえられ、指導が通らなくなったらおしまい」といったことが、「共通理解＝常識」となっているようである[6]。こうした「指導」の結果が、対教師暴力であったというのだ。暴力や脅し、力ずくの「指導」で子どもをどうにかすることはできないというのが、この先生が蹴られたりしながら学ばれたことである。

　「いけないと知っていながら公然とやって見せているのには何かワケがあるんだろう。今度話せるときに聞いてみよう」などという「ゆったりした気持ち」で受けとめることが、大事である。また、「絶対に○○させる」とか、「○○させない」などのような矯正しようとする役割でなく、中学生が人生のひとこまを歩くときの伴走者として、取り返しのつかない失敗をしないよう見守りながら、ゆったりと関わることである。本当の教育は、そこら辺にあるように思われる。

引用・参考文献
(1)　田中熊次郎、堀内聰編『中学生・高校生の問題と治療的カウンセリングの実際』明治図書、1997年、12頁。
(2)　堀尾輝久『シリーズ　中学生・高校生の発達と教育Ⅰ、若者たちの現在』岩波書店、1990年、211頁。
(3)　片岡洋子、佐藤洋作編『中学生の世界2　中学生をわかりたい』大月書店、1999年、70頁。
(4)　片岡、佐藤「前掲書」注(3)、178頁。
(5)　高垣忠一郎、壬生博幸編『中学生の世界1　親たちの「思春期」攻防戦』大月書店、1999年、84頁。
(6)　田中孝彦、佐藤博、宮下聡編『中学生の世界3　中学教師もつらいよ』大月書店、1999年、67頁。

(北川　明)

第5章　高校生とは

第1節　教育実習を体験して

　高校における教育実習は、大学での「教職」「教科」をはじめとする関連科目の履修を経て3年次か4年次に、出身高校や在学する大学の附属高校等で2週間程度行われることが多い。高校での教育実習を前にした大学生にとって、高校での実習は他の学校種に比べ身近に感じられるようである。年齢的にも生徒と近く、学校生活も想起しやすいためであろう。しかし、以下に示す彼らの実習記録や反省会の記述によれば、実際に教育実習に行き、高校の現場で「教える」という立場に立つことは、また特別な事柄のようである。彼らの多くは、「教科指導」において高い専門的知識が必要であることを痛感し、よりよい授業の成立には、「生徒たちとのコミュニケーション」を通じた潤滑な人間関係が不可欠であることを反省しているのである。

1　教科指導について

　学生は、大学における教職課程において教育学一般の専門的知識を学び、さらには教科指導法の学習を通して具体的な指導案の作成や模擬授業を行い、実践的経験を積んだうえで実習に臨んでいく。しかし、実際の高校生を前にした学校現場での教育実践において、実習生の多くはそうした机上の知識やバーチャルな実践経験とリアルな実践との違いを実感するようである。「教育実習では大学の模擬授業と比べるとずいぶん勝手が違い、とまどうことが多くありました。大学生を対象とする大学での模擬授業はあくまで本物を模したものでしかなく、実習における高校生の反応とは異なるものでした」。「知っていること、理解していること、さらに教えることの違いについて肌で感じることができました」、と。さらに、「どれだけ自分がつまらないマニュアル的な授業をしていたのかを思い知らされました。生徒とのやりとりをしながら、彼らの興味を引くためには膨大な量の知識が必要だし、より多くのアンテナを張って積極的に情報をとらえていかなければならないと思いました」。「生きた知識を生徒に提供するには、教科的な知識に加え、広く社会に目を向ける必要があると感じました」、と。ここからは、教科研究が単なる教科書的な知識を超え、教科に関わる社会的な問題意識や高校生の生活実態に即した教科的課題を常日頃から意識

し培っておく必要があると、彼らが反省的に実感したことがわかる。とくに、2003(平成15)年度から実施される高等学校の新学習指導要領においては、知識の量ではなく、生きるために役立つ学習が求められていく。そのためには、限定された無機的な知識を一方的に伝え、記憶させるのではなく、絶えず人生のあらゆる分野に結びつけ、広い視野からあり方・生き方を体験的に追求できる授業を構成していく必要があるのである。

2　生徒とのコミュニケーションについて

　生徒とのコミュニケーションも実習生の大きな反省課題とされた。実習生の多くは、学習や生徒指導に際して、コミュニケーションを通じた生徒との人間関係・信頼関係の形成が不可欠であることを、実習の後半か実習終了後になって強く感じるようである。彼らは、生徒とのよりよい人間関係を作るには、「ホームルーム活動、学校行事、掃除、クラブ活動等を通じて積極的に関わってコミュニケーションが成立しやすい環境をつくるべきでした」などと口をそろえてふりかえっている。一方、生徒と積極的に関わろうとした実習生もまた、彼らとコミュニケーションを図るうえで、ある種の困難性を実感する。たとえば、「自分の高校時代と比べて、情報が多く考え方も大人のように思えました」とか、「私たちの時代より礼儀や授業中の態度などモラルが若干異なるように感じました」と述べている。しかし、他方で、「現代の高校生は変わったといわれるが、確かに対人関係や情緒面、雰囲気でそう感じました。ただ、深く関わっていくなかで彼らの思いが理解できるようになりました」というように、大学生－高校生、実習生－高校生の隔たりを超えて、短期間のうちに生徒への洞察力を増していった実習生もいる。

　以上に示した実習生の記述に対する学問的な妥当性については多分に検討の余地があるが、彼らの多くが実際にこうした高校生観をもっているのであり、一概に「気分的な思いこみ」であると速断することはできない。情報化の急速な進展や社会の変化とともに成長を遂げる若者や、社会全体のモラルや環境の変動を考えるとき、現在の高校生の心身や行動になにがしかの変化が起こっていることは否定できない。高校生を教えること、それは高校生というものを理解することに始まる。高校段階を見通した心身観、発達観、そしてそこから導き出される発達課題や学習課題、さらには広く人間観、世界観をもつことによって初めて具体的な教育の指針が見えてくるものと考えられる。以下では、順を追ってそれらについて検討してみることとしたい。

第2節　高校生のからだとこころ

　今日、青年期は前後に延長しつつあるとされる。からだの成熟が加速する一方で、大人への自律を拒むかのようにいつまでも子ども時代から脱却しないモラトリアムやピーターパン・シンドロームといった現象が生じているからである。こうした青年期の拡張状況において、現在の高校生の「からだ」と「こころ」はいかなる特徴を示しているのだろうか。

1　からだの発達について

　まず、身体的・性的成熟については、戦後の生活スタイルの変化を受け、その低年齢化を意味する「発達加速現象」がいわれて久しい。そうした加速傾向において、第二次性徴は13・14歳でもっとも顕著となり、18～20歳頃にかけて成熟が進んでいく。したがって、高校生の時期は、身体的・性的成熟に関してはゆるやかな発達期にあるといえる。

　次に、運動身体的発達については、「体力・運動能力調査」(旧文部省、2000)の報告がその実態を示している。敏捷性、心肺機能、柔軟性、筋力を示す体力については、6～11歳まで男女ともに急激・直線的に上昇し、その後、男子は19歳頃までほぼこの傾向を保ち、女子は11歳以降その速度を落としつつ進んでいくとされる。体力水準の最高値は男女ともに17・18歳である。このことから、高校の3年間という期間は体力面では男女ともにピークを示すものといえる。しかし、過去との比較においては、敏捷性を測る反復横とび、心肺機能をみる踏み台昇降運動は全般的に向上しているが、背筋力や握力は伸びておらず、立位体前屈や伏臥上体そらしにいたっては、数値が低下している。ここからは、背筋力や柔軟性に欠け、姿勢が悪く体が固い現代の高校生像が明らかになる。加えて、走・跳・投の基礎運動能力については、高校生を含むすべての年齢段階で能力が低下していることが指摘されている。実際、多くの教育者は、現実の教育場面においても、1時間の授業中、姿勢を保てない若者の姿を通して、意志、耐性、持続力といったからだとこころをつなぐ力が弱まっていることを感じているはずである。社会現象とまでなっている「ジベタリアン(所かまわず座り込む若者)」は、まさにわれわれの身体文化のゆがみの象徴であるように思われる。

　続いて、「子どものからだの調査2000」(日本体育大学学校体育研究室)の調査結果も高校生のからだの実態を物語っている。その報告によれば、1978(昭和53)年には、高校生自身のからだのおかしさの実感では、1位「腰痛」、2位「背中ぐにゃ」、3位「朝礼でパタン」、4位「肩こり」、5位「貧血」だったのが、1990(平成2)年と2000(平成12)年の上位には、1位

「アレルギー」、2位「すぐ『疲れた』という」、3位「腹痛・頭痛を訴える」となった。他に特徴的なこととして、「視力が低い」「不登校」「平熱36度未満」「症状説明できない」などが上位の方にあげられている。これらの調査を通じて、とくに、最近の子どもの「からだのおかしさ」がますます進行し、子どもの生活が生き生きとしなくなってきたことが指摘されている。

2　こころの発達について

①　青年期は疾風怒濤の時代といえる

この時期の心理的状況を示すものとして、スタンレー・ホール (Hall, G. S. 1844-1924) の「疾風怒濤の時代」ということばがある。『青年期の意識構造』のなかに、こうした状態を回想した大学生のことばが述べられている。「自分自身の実感として、今の私は『疾風怒濤』の時代であり、危機の時代だからです。明らかに今の私は未知の世界に迷い込んでしまったような気持ちでいます。今までの秩序がすべて壊れてしまったかのようです。第一、今までの『自分』というものがあったかどうかさえわからなくなっています。親や外の世界の価値観をうのみにし、それを自分の考えと錯覚していたのです」、と。まさにこのころは、エリクソン (Erickson, E. H. 1902-1994) のいう「自己意識の転換期」として「同一性の拡散 (identity diffusion)」が生じやすい時期にあたる。つまり、自己意識の高まりに合わせて、従来自己を支える一部として無意識に受け入れていた価値に疑いが生じ、アイデンティティが拡散し自己のこころとからだの安定を欠く状態となるのである。その後、自らと自らの周りに存在するものに対して、その関わりと意味づけを見出し、自我を意識的に再構成していくのであるが、高校生のこの時期は、先の大学生のことばのように、まさに自我同一性 (ego-identity) が拡散する『疾風怒濤』ともいえる困難な時期といえる。

②　青年期は疾風怒濤とはいえない

一方で、前掲著書には、この時期における急激な心理的変容を否定する大学生のことばも記されている。「私の場合……特に大きな起伏があったとは思えない。……青年期を表す言葉に『疾風怒濤』という言葉がありますが、こんな激しいものではなく、内面で静かに揺れ動き、自分の方向を定めようとするものです」。だが、こうした大学生のことばだけから、彼らが高校期を通じて自我の再構成をゆるやかに成功させることができたのか、青年期の延長がいわれるように、『疾風怒濤』が先送りされているのかは判断することはできない。

③ ゆがんだ青年期の構造

ただ、近年の若者が、同一性の拡散からくる苦しみを自らに引き受けることなく生きていく傾向、つまり「フォークロージャー(foreclosure)現象」があるという事実はおさえておきたい。すなわち、現代の青年は、昔のように大人になるための通過儀礼を経ることもなく、成熟への明確な指針と変容の場を与えられる機会も少ない。こうした若者は、往々にして、精神的な覚醒へ向けた青年期の危機を経験することなしに、権威に盲目的に従ったり、葛藤や変化を避け、ステレオタイプ化した思考と行動をとったりして、自らと直接に向き合うことを避ける傾向を示すのである。そうした青年たちは、1960年代半ば以降、三無主義(無気力、無感動、無関心)あるいは四無主義(無責任を加える)という呼称で語られ、今日、そのような児童・生徒・学生の状態をさし、ステューデント・アパシー(student apathy)といわれている。ただし、こうした青年期の歪みは、大人社会のひずみの反映ととらえることもできるであろう。

第3節　現代の高校像

1　高校生にとって「生きがい」とは？

この年代の青年は、いかなることに「生きがい」を感じているのであろうか。「青少年の生活と意識に関する基本調査」(総務庁青少年対策本部、1996)によると、**表1**のようになる。ここからは、友人、スポーツ、異性が青年期の子どもたちの大きなエネルギーの方向となっていることがわかる。こうした傾向は、自我意識の発達にともなって、これまで支配してきた周囲の権威から距離を置き、同世代や異性との交流から自己の価値観を形成していく高校生の姿を浮き彫りにする。とりわけ、スポーツや文化的な活動を通して、彼らが仲間と共通の規範や目標をもち、心身ともにエネルギーを全開にして活動

表1　高校生にとって「生きがい」を感じる時

順位	内　容	比率
1位	「友人や仲間といるとき」	(64.1%)
2位	「スポーツや趣味に打ち込んでいるとき」	(59.7%)
3位	「親しい異性といるとき」	(17.3%)
4位	「家族といるとき」	(11.5%)
5位	「他人にわずらわされずに一人でいるとき」	(9.5%)
6位	「社会のために役立つことをしているとき」	(7.5%)
7・8位	「仕事・勉強に打ち込んでいるとき」	(7.1%)
9位	「生きがいを感じることはない」	(4.4%)
10位	「無回答」	(1.4%)

する姿はまさに青春の象徴といえる。その過程に指導者、援助者として関われる教師もまた教科指導では味わえない感動を彼らと共有することになる。

ただ、このアンケートの第5位、9位、10位に表れる生きがいへの消極的な回答からは、情熱の向け場を見失っている高校生の存在も確認される。これは前節での三無主義の若者に重なる状態ともいえるが、われわれはこれらの背景に何を見ることができるのだろうか。

2　受験・就職・メディア文化──教育における光と影の側面

高校生たちはこの時期、将来、社会に巣立つために自らの生活の問題と格闘し始める。とりわけ、高校卒業を前にして、就職や進学といった人生に深く関わる選択に向き合うことになる。しかし、多くの生徒は、過当な受験競争や厳しい就職状況に直面し、めざす目標と過酷な現実とのギャップに希望と自信を失うのである。加えて、こうした進学・就職の選択や通常の学習過程における、周りの大人、とりわけ親の「過剰な期待」や「無関心」もまた子どもにストレスを与え、こころを不安定にし、遂には自分を無価値なものと思いこませるに至るのである。「少年の問題行動等に関する調査研究協力者会議」(文部科学省、1999)が出した少年犯罪に共通の要素、つまり、「自己中心的な価値観」「規範意識の低下」「自己イメージの低下」「劣等感」「自尊感情の喪失」「感情のコントロールの困難さ」「対人関係の低下」などは、学校教育において満たされないこのような青年たちのこころを特徴づけているといえる。

また、現代の高校生の精神構造を考えるうえで、メディア環境の急速な変化を視野に入れておく必要があるだろう。「青少年と携帯電話等に関する調査研究報告書」(旧総務庁、2001)によれば、調査対象の6都県3101人の高校2年生の58.7％が携帯電話を所持しており、また自宅でインターネットを使用できる者が24.8％いるとされる。こうした新しいメディアの普及は、高校生に情報交流の容易さ、迅速性、そして情報量の増大をもたらす一方で、人格形成の途上にある彼らにとって有害な結果をもたらす可能性も示唆している。つまり、そのような間接的なコミュニケーションが対面的な接触の機会を減らし人間関係を希薄化させること、また、メディアによるバーチャルな知識が、五感、意志、感情を通した体験的な知識と比べ、「生きる力」の形成をさまたげていることなどである。従来の知育偏重教育が、「考えるけれど行動に移さない」、「自己主張するが自分の意見に責任をとらない」多くの青年を生んだことを反省するとき、高校教育におけるメディア・リテラシーの健全な育成に際して、こうした危険性への配慮が必要となるだろう。

この時期の青年が示す、情熱－苦悩－無気力、積極性－消極性、熱狂－冷静－散漫、努

力−怠惰、創造性−マニュアル依存性などといった重層構造の背景には、以上見てきた、高校生活に深い関わりをもつ受験・就職・メディア文化の光と影が少なからず関係をもっているものと思われる。

第4節　高校教師のこころがまえ

1　授業のコツ──意志や感情に結びついた人生の糧となる知を形成すること

　前節でも指摘したが、現代の教育では、得た知識が子どものなかで血や肉となることが少ない。もっぱら知的な理解にとどまっている。つまり、教育は感情や意志やからだにまで作用していかないのである。高校教育も同様で、実技・芸術科目の一部を除く多くの教科において、生徒たちはただ座って耳を傾け考えるという授業に終始している。そうした授業は、子どもを目覚めさせたままねむらせているのと同じで、死んだ授業といえる。こうした考察するだけの授業を受け続けると、表面的な考え方しかできず、事象の本質をとらえる力やその子ども自身の「生きる力」を弱めてしまうとされる。では、どうすれば本質をとらえる力を養い、生きた授業が可能となるのであろうか。意志と感情を通わせる授業をするには、まず、教師が、問題を自分の問題として深めていく必要がある。さらに、そうした深い問題意識に基づき、多様なものの考え方を配慮したうえで十分に時間をかけ教材準備を行う。そして実際の授業に当たり、教師は、自らの感情と意志を通して「子どもの幸せに向けて何を彼らに与えるつもりなのか」ということを再度自覚し、それを心願としてこころに刻んで臨むことが重要となる。

　また、高校教育では、生徒が後になって、社会のなかで特定の仕事に就けるように配慮する「人生の糧となる教育」をすべきである。この時期には、技術的な知識や技能を身につけ、後にめざされる自分の労働や生き方が社会にも自らにも意味があると感じとれるような教育が必要となる。ところが、これまでの教育は、現代社会に踏み込もうとする高校生に対して、「みずからの人生に意味があり、自分らしく到達できる目標がある」という人間の根本的な衝動をたくましく育成してこなかった。したがって、われわれ教育に携わる者は、理想が生徒のこころのなかで生き、彼らがこころざしをもって生きることができるように、教育内容・実践を再構築しなければならない。その際、教師は、生徒を現代社会に送り込むという課題の重みを十分に感じとり、教授法のすべてにこの基本感情をしみ込ませなければならない。しかも、自我意識の高まりを見せる生徒への教授に際して、「権威」

としてではなく、各々の描く「理想」を通して社会現実に取り組む仲間として関わっていかなければならないのである。

2　教育の根本は自己教育にある

　高校教育においては、すでに述べたように、生徒の巣立ちを見極めたうえで、より質の高い専門教科の教育が必要となる。しかし、そうした教科指導の内容・スキルがもたらす生徒への効果と並ぶかそれ以上の影響力をもつものに、教師自身の人間性があげられる。「その先生が好きだからその教科の勉強が好きなった」という多くの子どもたちの声は、教育作用の根本に教師の人間性が存在していることを表している。とりわけ、思春期の生徒たちは、教師が表す非合理な態度に対して批判的になる一方、教師が人生に対していかなる態度で臨んでいるのかということを非常に敏感に観察しているのである。

　そうした教師の人間性は、究極的には、絶えざる自己反省を通した「教師自身の自己教育」によって高進していく。だが、実際には多くの教師はそうした自己内省に身を置くことは少なく、ともすれば逆に、自らの固定した尺度をそのまま自己を形成中の生徒に当てはめがちとなる。こうした教師の狭い尺度が、それを逸脱する生徒をネガティブに評価し、生徒たちの多様な成長過程と事態の本質を見落とすことにつながる。さらに、自己の尺度へのこだわりは、深い人間洞察の道を閉ざし、授業まで硬直化させるに至るのである。したがって、高校教師の最大の課題は自己の尺度を広げることであり、しかもそれは、徹底した自己省察と深い内省に取り組むことによってなし遂げられねばならない。

　内省に努める教師は、生徒理解に際し、「速断」を避け、まず生徒の言動を純粋に共感をもって自らのなかに受け入れることの大切さを認識するようになる。こうした認識習慣において、直情的な狭い排他感情は消え、何が人間にとって本質であり何がそうでないのかということを理解していく。そして、そのような認識態度が深い生徒理解とよりよい教育実践のための根源的な力となるのである。

　最後に、教師として、内省力を高め、柔軟な尺度を獲得するために心掛けるべき基本的感情の在り方についてあげておこう。まず、自らのうちにわき起こる、怒り、不機嫌、独断、虚栄心、差別心といった利己的な感情をしっかりみつめてほしい。そうした感情を少しずつでも表に出さないように努めると、感情のうねりから自分が独立し、こころが新鮮な状態で開かれ、他者への共感で満たされていくことがわかる。加えて、実際の教育現場で、このような基本感情を積極的に獲得する究極のこころもちがある。それは、「敬うこと」「感動すること」「尽くすこと」である。こうした態度で授業に臨むだけでも、われわれ

のこころは活力をうることができ、かぎりなく大きな教育効果があげられるはずである。

引用・参考文献
(1) 加藤隆勝『青年期の意識構造』誠信書房、1991年。
(2) シュタイナー著、高橋巌訳『十四歳からのシュタイナー教育』筑摩書房、1997年。
(3) 日本こどもを守る会編『子ども白書』草土文化、2000年。
(4) 内閣府編『青少年白書』財務省印刷局、2001年。
(5) 鈴木康平・松田惺編『現代青年心理学』有斐閣、2001年。
(6) シュタイナー著、新田義之訳『オックスフォード教育講座』イザラ書房、2001年。
(7) Steiner, R. : Die praktishe Ausbildung des Denkens. Verlag Freies Geistesleben 1998.

(衞藤吉則)

第 3 部
実習生を受け入れる立場からの声

第6章　感動を子どもとともに──受け入れる小学校の現場から

第1節　学校に教育的価値のない活動はない──教師の仕事は

1　小学校の教育──学校教育方針について

　ある小学校の教育方針の教育目標に、「人間尊重の精神を基調として、基礎学力と豊かな知性・情操・創造力・表現力を備え、自ら進んで学び、仲間とともに学び合う○○の子どもを育てる」(○○は学区名)とある。

　さらに、次のような「めざす子ども像」もある。

　　①　自他の命や人権を大切にする子ども
　　②　基礎学力を身につけ、自ら学び、仲間と学び合う子ども
　　③　磨かれた感性とことばをもち、豊かに表現できる子ども
　　④　目標をもってがんばりぬく子ども
　　⑤　仲間をたいせつにし、あいさつのできる子ども
　　⑥　故郷を愛し、誇りをもって、生きる子ども
　　⑦　心身ともに明るく、たくましい子ども
　　⑧　文化の違いを認め、広く世界に目を開く子ども

　教育方針は、各地域の児童の生活や学力の実態によって学校の教育課題が異なるので、各学校で独自に考えられるものである。そして、教育基本法をはじめとする教育関係諸法令、規則、学習指導要領に準拠しながら、この教育方針をもとにして、具体的に教育計画が立てられ、教育活動が進められていくのである。

2　学校のすべてが教育活動

　以前、小学校に来た教育実習生のなかに、給食時間を自分の疲れを癒すための休憩だと思っていたり、子どもたちと遊ぶ時間にしてもよいと考えている人がいた。給食時間もれっきとした指導の時間である。つまり、給食当番も配膳を待つ時間も、そして食事をする時間もすべて指導すべき時間なのである。教師にとっての休憩時間などではなく、教育活動そのものなのである。

　子どもの学校生活は、すべて指導されるべき時間であり、教師の側からいえば、学校に

子どもがいる間は、すべてが指導すべき教育活動の時間なのである。学校のすべての活動は目的をもっており、教育的に価値のない活動はないと心得るべきである。

3 教師の仕事

　教育活動には、教育的価値を高め、効果をあげるために、計画や準備が必要である。その計画や準備もまた教師の仕事である。学校内で最も大切で、時間的にも最も主要な教育活動は、授業である。授業にも準備が欠かせない。授業前の短期間の計画や準備だけでなく、年間計画といった長期間の計画の立案も、先を見通した準備も大きな仕事である。

　また授業だけでなく、学校全体の特別教室の配当や教師の担当授業、授業時数や時間割など、教育課程や教育内容に関わる学校全体の計画や準備が必要である。これらの仕事は一般的には教務部が担当する。運動会などの体育的行事あるいは避難訓練などのような安全教育や保健指導に関するものの計画や準備は、保健体育部が担当する。生徒指導や児童の生活全般にわたる指導の計画や準備は生活部が行う。そして、教員の研修や研究については、研修部あるいは教務部が行う。学校には他にもたくさんの仕事がある。これらの仕事を職員で分担しているのであるが、そのことを校務分掌という（校務分掌各部の名称や仕事内容は学校によってかなり異なっているので、実習生は教育実習に赴いた先の学校の校務分掌についていち早く把握する必要がある）。

　このように教師は、授業さえやっていればよいのではなく、教育活動の計画や準備、そして校務分掌といったたくさんの仕事をこなしているのである。

第2節　子どもを主体的にさせること

1　主体的学習とは——授業を中心に

　授業のなかで、子どもを主体的に学習させたいと思うのは、教師の当然の願いである。主体的な学習は、やらされるのと違い、子どもにとっても苦痛がなく成果のあがる学習となる。そのため「主体性」や「主体的学習」といったことばは、学校の研究事項や努力事項の目標等によく出てくることばである。ところが、「主体的」ということばは、あいまいなままで使われていることが多いのも事実である。明確に規定されている例やどのような状態をいうのかイメージ化されている例は少ない。

　主体的学習とは、自分が主人公となり、自分のこととして学習する状態のことをいう。学習課題の設定を子どもの発想でしなければ主体的学習はできないのだと考えたり、子

もが進んで学習するようになるまで待たなければならないと考えたりすることは間違いである。それは自主性との混同である。教師の投げかけた課題から学習が出発したとしても、その課題が子どものやる気を引き出し、子ども自身が自分のこととして、自分を主人公として学習することはありうることである。そして、そのように導くことこそが教師の指導なのである。

2　教師として主体的に動くこと

主体的学習を引き出さなければならない教師が、主体的に授業に取り組めなくては、主体性を引き出す授業は成り立たない。教育実習生が、指導教師あるいは先輩の教師の意見を謙虚に聞くことは大変重要である。しかしよく聞いたからといって、考えもしないですべてを受け入れるようでは、主体的とはいえない。聞いたことをいま一度思い起こし、自分の頭でよく考えてから行動してほしいものである。結果として、表面的にいわれた通りの授業になったとしても、自分の頭で考えて出した結論であればそれでよい。それが教師の主体性である。考えないでいわれた通りに行った授業は、自分では説明さえできない、責任のとれない授業になるであろう。誰に対しても説明ができ、子どもに対しても責任の取れる授業をしたいものである。

3　授業で主体的学習を引き出すための原則

「おもしろい授業をしよう、そうしないと子どもがついてきてくれない」。

そう考えて、だじゃれやうけねらいの冗談で、授業を盛りあげようとする実習生を見たことがある。この試みは必ず失敗に終わる。一時的に子どもに人気があるように見えても、すこし続けていれば、馬鹿にされたり、軽く見られたりして、指導が効かなくなるのである。子どもの頃の経験を思い出してほしい。本当に楽しく学習意欲のもてる授業は、内容がよくわかって、ときどきは「あっそうだ！」と驚くような感動を覚え、そして自分が活躍できる授業であったことを。子どもの主体的学習を求め、教科内容の本質をついた授業をねらうべきである。

それでは、主体的学習を引き出す授業を作り出すための原則を考えてみよう。

◇原則1◇　学習内容（教材あるいは学習材）が教育的価値を備えていること

教育的価値がある学習内容とは、次の3つの条件がそろっているものである。

① 子どもに興味・関心を起こさせるものであること（生活性）。
② 科学的裏づけがあり、真理・真実であること（科学性・真実性）。
③ 子どもが理解できるように順序よく並べられていること（系統性・順序性）。

新しい知識・技術・認識を獲得できた喜びは、何事にも代えがたい。その喜びが次の学習への意欲につながっていくのである。それも学習の内容に価値があればこそである。

◇原則2◇ 学習展開の過程が子どものわかる筋道に沿っていること

これは教師の支援あるいは指導の問題であり、学習指導案の書き方に関わる問題である。子どものこれまでの学習、学力の実態、学習意欲・興味・関心の土台となる生活の実態などを考えながら、教科内容のねらいに向けてどのような学習指導を展開していくのかを構想していくのである。これこそ主体的学習の決め手になるといっても過言ではない。

◇原則3◇ 学習の仕方への指導が適切であるということ

子どもたちが授業で学習するということは、個々の子どもが新しい知識・技術・認識を獲得するという個人内の学習行為である。それと同時に、学級あるいは学習集団で考えを出し合い、自分と見比べながら学習していくという、集団的な行為でもある。したがって、教師は指導を行うとき、個人的な学習行為への指導と同時に、集団行為としての学習への指導を忘れてはならない。個人の学習態度や姿勢だけでなく、話し合いの仕方、グループの助け合いの仕方にも指導が必要である。要するに、教師は学び合い方を見通しをもって、適切に指導しなければならないのである。

第3節　教師の対応を観察しよう

1　子どものトラブルを軽く見ない

子ども理解を深めることは、これからの教育実践に大いに役立つ。観察していればわかるというような生易しいものではないが、子どもたちのトラブルに幾度か関わっていれば、子どもたちが何を感じ何を考えているのかがわかってくる。とにかく子どものトラブルに関わってみよう。しかし、ここでも教師の主体性は問われてくる。子どもたちは、この人は本気で関わってくれているのか、ちょとだけ義理でつきあってくれているのか、はたまたこの人は自分で判断できる頼りがいのある人かなど、関わり方ですぐに見抜いてしまう。実は教師は、この積み重ねで指導力を値踏みされているのである。

かなり前だが、実際にあった話である。ある担任の教師が、授業中に学習に集中しないで、隣の席の子どもとけんかのようになった女の子を注意した。しかしいうことを聞かないので、席に着くように肩を押した。そのタイミングが悪く、押された女の子はふらついて机の角で大腿部の内側を打ち、青あざができてしまった。そのことが保護者の怒りにふ

れ、体罰だと校長室まで呼び出され、謝る羽目になった。それ以後、子どもたちへの指導が効かなくなった。教師の管理的指導の強さが変化したために、子どもたちが教師を馬鹿にしてしまったのである。女の子は自分の親の苦情で、その教師の指導が変わったと判断した。その結果としての値踏みであれば、指導が効かなくなるのは当然のなりゆきであろう。担任の教師には、気の毒なことであった。

この事例から、いくつかの学ぶべき教訓を見出すことができる。

◇教訓その1◇ 手を出さないこと

体罰はいけないということはわかりきったことではあるが、この事例のように、教師が体罰だと認識していなくても、非難されたり誤解されたりすることはある。暴力だと思われるようなことはしない。ことばで指導することが大切である。

◇教訓その2◇ トラブルをそのままにしないこと

けがをした女の子は、自分だけ叱られたと感じてしまっていた。しかられるのは仕方のないことだが、自分だけというのは納得がいかない。そのまま帰宅して、憤慨しながら両親に話したらしく、どうやら事の次第は正確には伝わっていなかったようである。トラブルをそのままにせず、双方が納得いくようにすることが必要である。

◇教訓その3◇ けががあったら、保護者に報告しておくこと

原因がどうであろうと、子どもがけがをした場合は、保護者に連絡をとり、報告しておくことが大切である。心配している保護者の身になって誠実に対応しなければ、保護者の気持ちもおさまらない。とりわけこの場合は、教師が直接の原因なのだから、家庭訪問をしてていねいに説明する必要があったのである。

◇教訓その4◇ 子どもとのトラブルは指導教師に報告しておくこと

こういった教師の失敗は、後々問題が大きくなる可能性がある。校長に報告しておくと、フォローしてもらえるかもしれない。校長も知らなければ、保護者との話も噛み合わず、もつれてしまう可能性があり、フォローのしようがない。実習生の場合は、まず指導の教師に報告しておこう。

◇教訓その5◇ 一貫性のある指導をすること

教師の指導がころころ変わると、指導は受け入れられなくなる。変更しなければならないような指導は、最初からしないことである。

2　子どもの気持ちを大切に——共感と納得がキーワード

4年生のA君とB君は仲が悪く、よくけんかになる。その日も昼休憩に、廊下で取っ組

み合いをしていた。あまり激しいので、けがをしてはいけないと思い、無理やり引き離した。手をゆるめると、A君は泣きながら、またつかみかかろうとする。しかたなくA君だけを近くの部屋に入れて、話を聞くことにした。どうしても彼の怒りが納まらない。落ち着かせて話を聞いてみると、少し前からお互いにいたずらがあり、B君のちょっとした挑発で、かっとなったらしい。体力のあるA君に、相手をけがさせたら取り返しがつかないと話しても、「でもB君が……」と納得がいかない。B君にもこれから話すのだからといって、まずは相手にけがをさせてはいけないということだけはわからせた。そして、こんどはB君の所に行って、先に手を出したことは良くないということをわからせた。ここまでで、30分ほどかかった。

　本来は、より時間をかけてとことん聞き、子どもの感情に共感することが大切なのである。とことん聞いて共感し、落ち着いたところで、けんか相手の気持ちをわからせ、暴力は正しくないこと、なんとかことばで解決していくようにすること、そのような能力をつけなくてはいけないこと、みんなが協力できる学級を作ること、そして、社会の正義について、これらを理解させ納得させることによってはじめて指導が成立するのである。ここまでできれば、教師は子どもたちの信頼を完全にうることができる。

　指導力のあるベテラン教師は、トラブルを起こす子どもへの対応も上手で、しかっても子どもが納得のいくように指導するものである。実習生は、ベテラン教師の指導の仕方をよく観察し、そこから多くのことを学んでほしい。

第4節　教師という仕事の楽しさを学べ

1　感動を共有できるうれしさ

　子どもでなくても、われわれ大人でも、友人や仲間に共感してもらうことで、精神が落ち着くものである。子どもは、共感できる仲間がたくさんあり、十分な情緒の共有があってはじめて、がんばるべきところでがんばることができるのである。そして自分に共感してくれる、認めてくれる人を求め、その人のことも認めるのである。教師はどの子にも共感し、どの子も認めようとしている。このことは小学生にも、感覚としてわかっている。逆に、教師が子どもたちからの情緒の共有によって感動させられることもある。

　私が3年生を担任しているとき、長崎原爆被災の児童文学を読み聞かせている途中、涙が出てどうしても読めなくなり、「ごめん」といったきり泣き出してしまった。教師への思

いやりだったのだろうか、子どもたちは途中で読むのをやめたことを責めなかった。そのときだけでなく、担任をしている間、そのことに触れることもしなかったのである。

ところが、何年も後になって、そのときの教え子がいったことばが忘れられない。

「先生、僕はあれでいっぺんに戦争がいやになりました」。

「私はあのとき、本当に平和が大切なものだとわかりました」。

教師であった私は、読み聞かせをしながら、登場人物の悲しみに共感するあまり泣きだしたのだが、聞いていた子どもたちも、情緒を共有してくれていたのである。そして読み聞かせのねらいであった平和への願いを、しっかりと受け止めてくれていたのである。

感動を共にしてくれる人がいることは、幸せなことである。

教育実習の間にも、感動を共有できる幸せにめぐりあえるかもしれない。

2 人の人生に関わること

教師になるということは、たくさんの子どもたちに知識や技術を教えることになる。それだけでなく、はっきりとは現れない感性あるいは生き方にもつながる価値観にまで影響を与えるものである。大げさにいえば、子どもの人生に影響を与え、ともすれば大きく変えかねないのである。教師を何十年もやっていれば、たくさんの人たちの人生に関わってきているように思われるのである。「先生のような教師になりたい」というような将来の希望に影響を与えたり、進路についての相談に乗ったり、という直接的な影響だけでなく、むしろ知らず知らずのうちに与える影響が大きいのではないだろうか。だから、子どもと接している時間は、いつも接し方に気を配るべきなのである。いや、子どもと接している時間だけでなく、教師の行動はいつでも見られており、子どもに影響を与えていると自覚した方がよいだろう。

ある学校の教育方針の一部に、求められる教師像が書かれている。

望ましい教職員像

① 自他の人権を尊重する人

② 子ども一人ひとりの良さを見つけ、認めて、可能性を伸ばす人

③ 基礎基本を重視し、学力を伸ばす人

④ 自ら進んで研修し、向上心をもって学び合う人

⑤ 子どもたちの手本となるよう行動する人(ことば、礼儀、服装、物や時間の管理)

⑥ 子どもや保護者の願いに応える教育をする人

⑦ 国際感覚をもち、確かな倫理観、価値観を身につけた人

⑧ 自らの責任を自覚し、同僚と連帯して仕事にあたる人

教育に携わるということは、このような人格を求められるということである。教師の仕事は他人の人生に関わることだという責任を常に感じていなければならない。大変なことだが、それが教師の生き甲斐であり、教師という職業の魅力なのである。

3 教師になることを前提に

「教育実習の経験は、たとえ教師にならなくても、人生の良い経験になるだろう」。

よくいわれることばである。確かにその通りなのだが、受け入れる側からすれば、引っかかることばである。実際には教育活動が完全なものでなくても、毎日一生懸命に教育に励んでいる教育現場には、「たとえ教師にならなくても……」という意識で入ってほしくないのである。教師の仕事を真剣に教えるということは、精神的にも肉体的にも大変な重荷になる。教育を受ける子どもの側から見ても、いい加減な気持ちで子どもの前に立たないでほしい。いい加減な気持ちは行動に現れる。子どもの真剣な学習が阻害されかねないからである。

教育実習というものは、教師になることを前提に、真剣に受けてほしい。教育現場の側からだけでなく、実習生本人にとっても、主体的に教育活動に関わるためには、教師になるんだという強い思いが必要である。

教師という職業に就くべきか否かは、教育実習が終わってから、もう一度自分の適性を考え、悩んでほしいものである。

引用・参考文献
(1) 伊藤友宣『家庭のなかの対話』中央公論社、1985年。
(2) 庄井良信・中瀬古哲『子どもの自立と授業の科学』渓水社、1991年。
(3) 広島市立天満小学校『同和教育の実践』広島市立天満小学校、1992年。
(4) 山﨑英則・北川明編『教育の原論を学ぶ』学術図書出版社、2000年。
(5) 広島市立基町小学校『平成14年度学校教育方針』広島市立基町小学校、2002年。

（有馬健雄）

第7章　中学校長の声

　教育実習では、実習生は、指導教官の指導を受けながらも、一人の教員として教科指導、道徳指導、特別活動などに参加することを通じて、教科指導と生活指導に関する実習や、学級経営に関する実習などを体験することになっている。

　教育実習中に行われる観察が、授業時における生徒と教員とのやりとりを客観的・傍観者的に眺めるのに対して、参加は一人の実習生として、生徒のなかに参加し、何らかの働きかけをしつつ観察を行う。したがって、生徒に影響を与えることもあれば、生徒から影響を受ける場合もある。学級・学習集団に参加して、教員の一人としてそれなりの責任をともないながら行動することで、そこで行われている相互作用の把握も可能となるし、指導教官の意図や工夫改善をしている点などをより理解することができるようになる。

　もちろん、教育実習生として参加し行動しているので、そこでの言動には一定の責任を与えられていると同時に、一定の限定も設けられているので、次の点に留意する必要がある。

①　実習生の一時的な思いつきや考えで行動しない。授業実践はあらかじめ設定した計画案に基づいて行われている。したがって、特定の期間・時間だけに参加が認められている教育実習で、実習生が一時的な思いつきや考えで生徒に働きかけると、当初の計画が妨げられてしまうことがある。指導教諭との綿密な打合せのうえで、許可を得てから参加することが必要である。

②　参加して得られた印象や感想は、できるだけ具体的な状況に沿って速やかに記録しておく。

第1節　教育実習の基本的態度

　実習期間として4週間（3週間）確保されているが、長いようで短く感じることが現実である。教材研究や指導案・細案の作成など短時間で熟考しなければならないことや生徒とのコミュニケーション、生徒指導、大学での講義では味わえない現場の忙しさを体験するのもこの実習中である。教材研究や教材づくりに「もっと時間がほしい」と思い、睡眠時間

がなくなり体調を崩してしまう学生も多く出てきたりもするが、実習生として次のことはつねに心がけてもらいたい事柄である。

1 基本的な心構え

① 教育実習では、実習生の真価を問われるときであるとともに、真価を発揮するときである。各人が学び培ってきたものを基礎に最善を尽くすこと。

② 教育実習では、理論的研究も実践的研究も存分にできる絶好の機会であるので、この機会を活用して、実習校の学級担任、教科担任、実習係教諭などから積極的に指導を受けるとともに、大学のアドバイザー教員からも指導を受けるようにすること。とくに研究授業に際しては、大学教員にも連絡を取ること。

③ 学生らしい若さ、積極性、素直さを大いに生かして、児童・生徒のなかに溶け込むように努力すること。また、職場の雰囲気にもなじむように努めること。

④ 教育実習生は、生徒に対しては教育者であるが、同時に教生として教育経験の豊かな教諭から指導され評価される立場にあるので、この二つの立場を自覚して、態度や服装、ことば遣いなどに留意すること。携帯電話の使用や頭髪(金髪や茶髪)・ピアスなど中学生は非常に興味があるのでとくに注意が必要である。実習時間内はいうまでもなく、時間外の登下校のときも同様である。また、指導教諭の指導・批判を謙虚に聞いて、自分の課題とすることも大切である。

⑤ 実習校の服務規律に従うこと。

2 教育実習生の生活

教育実習期間中は、実習校の服務規律に従うことはもちろんのことである。実習期間中は印鑑を忘れずに携帯し、毎朝出勤時に出席簿に押印すること。やむを得ず遅刻・早退・欠席する場合は、事前に実習校に連絡をすること。住所および連絡方法は、実習校の指導教諭に知らせておくこと。服装や身だしなみは清潔で端正であることが望ましく、学校によってはバイクや車での出勤を厳禁しているところもあるので、注意すること。

つねに、指導教諭の指示に従い、無断で勝手な行動を取らないこと。とくに、生徒の家への家庭訪問や指導教官の許可無く郊外に連れ出すことは絶対にやってはいけない行為であるので、生徒指導については細心の注意を払うこと。

勤務時間中は、実習校の校風や慣行のもとで、実習生として自覚的な行動を取ることを心掛け、時間には細心の注意を払い、つねに開始5～10分の余裕をもつように心掛けることが必要である。

第2節　教育実習の実際上の課題

授業をすることになると、「わかる授業」、「楽しい授業」、「教師が満足できる授業」など結果ばかりを気にしがちになるものであるが、教育実習の場とは、「それまでの過程」、「それまでいかに努力したか」を大切にし、人に物事を教える、指導する「責任」を痛感する場である。この教育実習が実習生にとっては「最初の教え子になる」ことも踏まえて、次のことが重要になる。

1　教科指導に関する実習

① 生徒の実態把握

学習指導案を作成し授業を実施するためには、まず何よりも実習学級における生徒の発達段階と実態を的確に把握することが必要である。実習学級における生徒の特徴や実態、教科における生徒個人の習熟度段階などについてわからないところがあれば、指導教諭にたずねておくことが必要である。

② 教材研究と教材準備

そうした実態把握を踏まえながら、生徒に授業内容をわかりやすくかつ正確に伝えるためには、教材を深く研究し、前もってそれにふさわしい教材を準備しておくことが必要である。

③ 授業実施

こうしてでき上がった指導案に基づいて授業を進行させるが、その際大切なことは3つある。第1に、基本をわかりやすく正確に指導することである。そのためにも指導の意図やねらいが生徒に明確になっていなければならない。第2に、指導案に沿って授業を進めるとしても、一方的に授業を進めるのではなく、その場の生徒の状況に応じた対応が必要である。第3に、初めから「上手な」授業をしようとばかり考えずに、誠実な態度で臨むことが重要である。

2　学級経営に関する実習

日本の学校では、学級が学校の教育活動が行われる基礎的な単位集団となっている。学級経営の活動における重要なポイントとしては、次のようなことがあげられる。

① 学級内の生徒を理解し、生徒たちが学級内で人間関係を結びながら自立していくことを、その子に即して援助すること。

② 学級の集団指導を通して、自立と連帯の関係を生徒間につくること。

③ 学級環境を文化的に整備して、生徒の自主的な文化的活動を援助すること。

どのような学級をつくるかについては、教師の間にも多様な考えがあるので、実習生は指導教諭の学級経営に対する考えをよく理解するとともに、それを補助する役割を果たすことが必要である。

3　実習中の服装やことば遣い

数年前は高校生であり、実習前までは生徒だった学生が、教育実習開始とともに「先生」と生徒から呼ばれるわけである。まだ学生気分の抜けていない実習生が「先生」になる。ここから、学生のとまどいも始まる。生徒とうまくコミュニケーションがとれるだろうか？口細かいところまで注意をすると嫌われるのではないだろうか？　等々。まるで「生徒に好かれるためにはどうすればいいだろう？」という気持ちだけになってしまった感じである。そんな思いがことば遣いや態度に現れてくる。また、1〜2週間たち教育実習にも慣れはじめ精神的に余裕が出てくると、その気持ちが服装に直接現れてくる。生徒たちに溶け込むようになればなるほど、教育実習生としての立場を忘れてしまいがちになるようである。次のことは注意してもらいたいことである。

① 教育実習生といえども一人の教員である。悪いことと良いことのけじめ、区別をはっきりとつける。

② 子どもは親の背中を見て育つ。教員にも同じことがいえる。生徒は教員の背中を見て成長する。教員は態度で示すことを忘れてはならない。

人それぞれ考え方も違うであろうが、「当たり前のことが、当たり前にできる」人もしくは教師であってもらいたい。

第3節　教育実習の特色

教育実習では、指導教諭の指導を受けながらも、同時に生徒に対しては一人の教員として向き合うことになる。教育実習はまさしく、教育現場への理論や技術の適用と検証、教育研究上の課題発見と動機づけ、自己の教職適正検討の場になる。

この教育実習の経験を通じて、次の3つのことが指摘される。

1　理論の検証の場

これまで大学で学習し習得してきた教育や発達の理論ならびに技術が、「学校」という場で検証することになる。すなわち、生徒の理解に関する理論や知見および教材研究の成果

を実習で適用してみて、果たして十分な成果を収めることができるかどうかを検証する。そして、十分な成果が得られなかった場合には、これまでの理論を見直し変更を加えていくのである。

2　課題発見の場

　教育実習は、現実の学校環境のなかで、主体的な教育体験を重ねることを通じて得た貴重な体験や課題意識をその後の大学での学習に具体的に生かす機会を作る。つまり、教育実習には、課題発見の学習機会と動機づけという教育研究上の意義が発見されるのである。

3　教職適正の検討の場

　教育実習は、教員としての資質や的確性に即して、自分にはどのような克服すべき課題があるのかを考えたり、自分が教員に向いているのかどうかを自己点検したりすることを通して、教職の道を再検討する機会ともなる。教育実習は、自分の教職適正を検討する絶好の機会なのである。

　そのためにも、教育実習生は次のような観点をもつことが大切である。

① 　教育現場から大いに学ぶ姿勢をもっていること。教育現場、とりわけ授業場面での実践的課題を把握し、それらを解決していく態度や方法を指導教諭から謙虚に学ぼうとする姿勢が大切である。

② 　実習を通じて、教育することの「おそろしさ」と「すばらしさ」、教育の「責任」の重みを自覚することである。

③ 　授業観察や参加を通じて、子どもを深く観察する眼を養い培うことである。とりわけ子どもの行動の裏にあるものを見る眼を培う方法として、毎日の実習日誌を書くことをおすすめしたい。

第4節　教育実習の方法

1　高知大学教育学部の場合

　高知大学教育学部では1回生時の実践論フレンドシップ事業で、子どもとのふれあいの経験を積む機会が、そして2回生時の介護等体験では、さまざまな状況に置かれている人々との交流を通じて、人間関係を作り、人間を共感的に受け容れるコミュニケーション能力を形成する機会が設けられている。また、試行段階の2回生観察実習では、授業観察を通じて教員の教育活動や教員と子どもとのやりとりを観察しながら、教育実習総合研究で行

われる授業参加・観察の視点、およびその心構えを習得することがめざされている。そして、3回生時の教育実習総合研究を経て、本実習が9月に行われている。

そして、4回生時には附属学校以外の公立学校で2週間の応用実習課題研究を行っている。その趣旨には、教員になるにあたっての心得・能力・態度を自ら意欲的に高めることにあり、本実習で生じた課題をその後の学習で追求し、さまざまな教育現場でその成果をもう一度吟味することによって、さらに教員としての資質や能力の形成に役立てること、子どもや人間の成長・発達について、多面的な視点からとらえその理解を十分に深めることにある。

ちなみに、附属学校の設置目的には、「附属中学校は、小学校における教育の基礎の上に、心身の発達に応じて、中等普通教育を施すとともに、高知大学教育学部における教育の理論および方法の実証ならびに学生の教育実習を行うことを目的とする」となっている。その目的達成のために、毎年30数名の学生が附属中学校で実習を行っている。

2 教育実践総合研究とは

教育実践総合研究とは、実習校での具体的実習に入る前に、教育実習の意義や目的、教科指導法、学級経営、指導案・実習日誌の書き方、児童・生徒との関わり方などについて、あらかじめ一定程度の知識や技術・方法を身につけておくための「事前指導」のことをいう。

表1はそれらの内容をまとめたものである。大いに活用し、教育実習を実のあるものにしてもらいたい。

表1 教育実践総合研究(高知大学教育学部附属中学校の場合)

(1) 始業前	① 出勤したら、出勤簿(事務室机上に置く)に押印する。8時20分以後は遅刻扱いとなるので、遅刻届を学級担任教官に提出した後、押印する。 ② 朝の会に行く前に、前日の分の教育実習日誌を教官室の学級担任教官の机上に提出する、8時20分〜25分は教官打合せがあるので、それ以前に提出する。 ③ 担当学級に8時30分までに行き、学級の朝の会に必ず参加すること。ただし、月曜日の全校集会と学年集会の時には講堂に行く。 ④ 欠勤の場合は、事前に学級担任教官または教科担当教官まで連絡する。「欠勤届け」は、学級担任教官を経て、学校長あてに提出する。
(2) 学級指導	① 朝の会・終わりの会には必ず参加する。 ② 掃除には必ず参加して、生徒の指導にあたる。
(3) 学習指導	① 授業は配当学級でするのを原則とするが、教科担当教官と相談のうえ、他学級も受けもつことができる。時間数は関係教官との話し合いによる。 ② 指導案は前日までに教科担当教官に提出し、事前指導を受けなければならない。事前指導を受けず、指導案もなしに授業をすることはできない。形式については、教科担当教官の指導を受ける。

第7章　中学校長の声　67

		③　教科担当教官の指示に従い、担当授業や見学授業のないときは、なるべく配当学級の授業を見学するようにする。終わりの会には必ず配当学級に行く。授業の後始末や批評は、終わりの会の時間帯を避けて行うようにする。 ④　授業を行ったら、教科担当教官の指導受ける。他の実習生の授業は都合のつく限り見学して批評会に参加し、授業者とともに教科担当教官の指導を受ける。 ⑤　教科担当教官・大学教官の参加を受けたときは、必ず批評を受ける。 ⑥　授業の反省と教科担当教官の批評は、そのときの指導案に朱記する。 ⑦　教材研究や休憩は、各自の控室（研究室）で行うことを原則とする。
	(4) 放課後	①　終わりの会後、学級担当教官の指示に従い反省会を行う。 ②　学級指導・道徳については、学級別に学級担当教官から指導を受ける。気のついた問題については、学級担任教官を交えて話し合う。 ③　教室の整理・学級事務・翌日の準備等が完了したときは、教科担当教官にあいさつをして帰る。勤務日は、平日4時50分までとする。
	(5) 日直	①　日直を学級単位で定め、教育実習生相互、あるいは教官との連絡をはかる。 ②　日直の仕事は、日直日誌の記入・授業予定表の作成と掲示・教生への連絡等である。
	(6) 備品・消耗品の使用について	①　教育機器の使用については、教科担当教官の指導を受けて、上手に、計画的に使用する。操作については、事前に十分確かめて利用し、準備・後片づけは確実に行う。 ②　学習指導案や資料の印刷は、各自で早めに行う。印刷機は会議室にあるものを使用する。 ③　原紙・印刷用紙・ペン類・模造紙など、消耗品を必要とするときは、教科担当教官に申し入れて受け取る。 ④　コピー・ファックスなどを使用したいときは、必ず教科担当または学級担任教官に申し出ること。経費節約のため、コピーは必要最小限に留めるように心がける。個人の研究等に使用するときは、実費を徴収する。1枚20円。 ⑤　その他、教材研究、学習指導などに必要な物品があれば、教科担当教官に申し出る。
	(7) その他	①　昼食は担当学級で行う。弁当は各自用意する。パンは、昼休み講堂前で販売している。なお、係を作って注文をとれば、業者の弁当を利用できる。生徒の班の中に入って食べるので、ジュース類は不可となる。 ②　たばこはできるだけつつしみ、各自の控室である研究室でのみ喫煙する。教室・廊下は禁煙である。また、下校時の「火の用心」には、特に注意する。生徒の前では絶対に吸わない。 ③　服装・態度・ことば遣いなどは、指導者として品位を保ち、生徒に悪影響を与えないよう自粛する。また、学校行事・学級行事には服装を整えて、配当学級と一緒に参加する。 ④　生徒図書は持ち出してはいけない。教官図書や備品は教科担当およ学級担任の許可を得て使用し、校外には持ち出さない。 ⑤　上履きは各自用意し、学校の来客用のスリッパは使用しない。土足との区別を完全につける。靴箱は、玄関東側のものを使用する。 ⑥　教育実習生は、氏名・教科を書いた名札を左胸につける。 ⑦　授業予定が決まりしだい、教官室の「授業予定表」に記入する。 ⑧　なるべく部活動にも参加する。

⑨　5分の1以上欠席したものは、評価の対象にならない。
⑩　実習日誌・指導案綴りは、実習終了後一括して学級担任教官・教科担当教官に提出する。
⑪　通勤には、特別の場合を除き、乗用車の使用を認めない。
⑫　自転車・バイクの置き場は、本校北側に設けてあるテントとする。
⑬　金銭や貴重品は身につけて、その保管には十分留意する。
⑭　勤務時間中に校外に出るときは、担当教官の許可を得る。
⑮　出納は許可するが、菓子類・ジュース類は厳に慎む。
⑯　休日などに、配当学級の生徒を連れ出さない。
⑰　その他、不明の点や気付いた点があれば、担当教官に申し出る。

引用・参考文献
(1) 『平成14年度　教育実習の手引き』(平成14年度教育実習用)高知大学教育学部、2002年。
(2) 『平成14年度　応用実習の手引き』高知大学教育学部、2002年。

(矢部喜久)

第8章　高等学校長（副校長）の声

第1節　教育実習における基本的態度

1　実習に臨む心構え

　学生として「学ぶ」立場にあった者が、「教える」立場へと転換し、一定の期間、授業を含む実践的な経験を積んで、教師としての初歩的な資質を身につけていく。その実践の機会が教育実習である。この期間、実習生は生徒から「教える者」として見られることになる。また、実習の指導に当たる学校の教員からも「教える者」として指導を受けることになる。

　学生として学ぶ立場にある間は、大学教員が責任を持ってその指導に当たり、学生はその指導を受ける立場にある。ゼミのように参加の主体性が学生にかなりあるものでも、根本のところでは、大学教員が指導の責任を持っている。

　しかし、実習生は、教育実習で「教える」立場になり、生徒の前に出て実際に「教える」立場になるため、教える内容について、その方法について、生徒との対応について、十分な責任感を持って臨まなければならない。

　高等学校においては、とりわけ、教える内容についての知識が豊かで理解が深いこと、教材観が確かであることがとくに肝要である。すなわち、実習生自身は、その授業内容についての深い理解をもっていないと、指導方法をいくら工夫しようとしても無理であり、高校生の知的欲求を満たしていく授業展開を行うことはできないのである。実習生は、日頃から大学での学業生活において、深く学んでいく姿勢が問われることになる。

　教育実習の相手である高校生は、まだまだ感受性が高く、自分たちの前に立った実習生がどのような姿勢で臨んでいるのかを瞬時に見抜く力を持っている。したがって、将来教壇に立つ意思のない状態で、卒業単位として必要だからという程度の気持ちで教育実習に臨むと、生徒は最初の授業からついてこなくなる。

　とはいえ、生徒は、実習生の指導技能はまだ不完全であることも知っている。精一杯努力したあとが感じられ、これを真摯に伝えようという熱意があれば、素直に受け入れ、授業についてくる寛容さも持っている。ときには、授業で伝えたいことを先に感知し、その進行を助けてくれることもある。教材研究や授業の準備について、限られた時間で完璧を

期すことは実際には不可能である。実習生はできるだけ一生懸命に取り組んで準備し、あとは、自信を持って授業に臨んでいくことが大切である。

ところで、実習生の中で、指導教員の助言に耳を貸さず、教育とはかくあるべきという固い信念をもつ学生に出会うことがある。自信をもつことは大切であるが、このような場合は、しばしば独りよがりに過ぎないことが多い。指導教員は、生徒のレディネス、実態を踏まえて助言をしているので、助言は助言として素直に受け入れ、自分の授業に生かしていく柔軟さをもってもらいたい。他人の意見や助言に素直に耳を貸すことは、教職に就いてからでもいえることであるが、自分の教育力を高めていくためにおろそかにしてはならないことである。

さて、限られた期間で実習できるのは、学校で行われている教育活動のごく一部に過ぎない。教職に就くと、この他に、学級経営、生活指導、進路指導、クラブ指導などがある。また、時間割編成、入学式、卒業式の運営、美化活動の企画、生徒の健康管理、入学試験など、さまざまな業務がある。各教員は、いずれかの校務分掌を割り当てられている。実習生は、実習期間中、それぞれの教員がどのような分掌でどのような業務をしているのか、垣間見ておくことも必要であろう。

2 具体的な留意点

それぞれの大学や実習校の方針、計画によって、具体的な面でやや異なるが、ほぼ共通していると思われる具体的な留意点をいくつかあげておくことにしよう。

① 実習期間中は、実習校への登校は勤務と心得なければならない。実習生用の出勤簿がある場合には、毎日最初に押印する。無断欠席、遅刻、早退は厳禁である。とくに、最初のオリエンテーションを欠席すると、その後の実習の権利が失われるのが一般的である。

② 1日の勤務時間は、教員のそれに準じる。実際には、批評会や教材研究のため、勤務時間内に終わらないのがふつうであり、この期間、アルバイトなどは避けるなどの対策が必要である。一方、実習校によっては、夜遅くまで残れないため、理科の予備実験など、時間がかかりそうなものは早めに計画し、指導教員と相談して了解をとっておく。

③ 生徒の指導においては、体罰を加えてはならない。

④ 生徒を校外において個人指導したり、家庭訪問をしてはならない。校内において個人指導する必要がある場合でも、必ず、指導教員の了承を得て行わなければならない。

⑤　研究のための生徒についての調査は、指導教員の了承を得て行わなければならない。

⑥　生徒について知った諸資料、秘密は、他言してはならない。必要に応じて、指導教員に相談する。

⑦　他の実習生の授業観察にあたっては、マナーやルールを守ること。授業中の教室への出入りのマナーには留意し、観察者同士による私語はつつしむべきである。観察のために机間を回る、生徒実験中に生徒の操作の手助けをするなどは、その学校や指導教員の方針によって異なるので、事前に指導教員を通して確かめておくべきである。

第2節　教育実習の実際上の課題

1　教材研究の観点

①　まず、使用している教科書を読む

教科書は、学習指導要領をもとにしてつくられているが、内容だけでなく、その学年で使用できる漢字、用語、表記の仕方など十分な検討を経てつくられたものである。教科書で使用されている漢字、用語、表記を使用することに慣れることが肝要である。

教材の扱い方については、教科書によって若干のバラエティーが見られるが、まず、生徒が使用している教科書に沿って扱うことが重要である。自分の判断だけで異なる扱いをすると、生徒は混乱することになる。教科書とその扱いを変える場合、生徒へのていねいな説明が必要である。将来、教科書から離れた、発展的な授業を構成できるようになるためにも、実習中は、生徒が使っている教科書の内容を、確実に指導できるように取り組むことが重要である。

漢字、用語、表記については、自分が高校時代に習っていても、現在では教科書で使われていないことがある。また、日常生活ではよく使われるが、教科書では使われないものもある。たとえば、単位については、呼び方が各国によって異なるため、現在では万国共通に統一され、次の世代を担う生徒には新しい呼び方に早く慣れてもらうために教科書の中に取り入れられたものがある。

②　これまでの授業の流れを把握する

前時までに、生徒がどのようなことを学習したのか把握できていないと、次の授業計画は組み立てられない。事前に指導教員から十分に説明を受けておかなければならない。可能であれば、事前に生徒のノートを見せてもらう方法もあろう。後者は、生徒に自分の授

業に対する関心を持たせることにもなり、思わぬ授業効果をあげることがある。

③ 教材観を明確にする

教育実習生の授業で、意外に重視されていないこととして、「教材観」がある。すなわち、その教材をどのようにとらえるのかということである。さらに、その教材を使って生徒をどのように変容させたいのか、明確な視点が必要である。

その教材を学習することによって、生徒の知識が増えることだけをめざすのか、深く理解させることによってさらに次の段階への興味、関心も持たせたいのか、内容がやや難解であるため、あることに気づかせる程度でもいいのか、または、実技を入れることによってある技能を高めたいのか……、等々の明確な視点が必要である。

それぞれの教材について、教材観を明確にしておかないと、単なる説明調の講義となり、授業として深みのない知識の詰め込みだけの授業になりやすい。このことは、教職につき、年間授業計画を立てる場合にはさらに重視されるもので、その教科を教える意味づけの明確化にもつながっていくものである。

2 指導案作成のポイント

指導案の様式は、実習校によっていくらかの差異はあるが、おおよそ第10〜12章に示された様式が一般的である。指導案を作成するにあたり、機械的に記入できるものもあるが、とくに実習生の授業部分に関する記入について、いくつかのポイントをあげておこう。

① 本時の目標

指導目標には、箇条書きに2、3項目あげるのがふつうである。ところが、実習生が最初の頃作成する指導案では、「……について理解させる」だけのものが多い。指導目標にどのようなものをあげることができるかについては、「第2節 1 教材研究の観点」で述べた教材観の明確化と深い関わりがある。教材観が明確になると、「……の能力を高める」、「……の見方、考え方を養う」、「……に気づかせる」、「……の技能を習得させる」、「……に関する意欲を高める」、などの指導目標もおのずと出てくるものである。

さて、実習生が指導案を作成する場合、指導目標を先に記入し、次に授業展開を具体的に考えていく方法が一般的であるが、指導目標が高度であるため頭でっかちの指導案になったり、あとの授業展開と結びつかない指導目標になっていることが多い。1時間の授業で達成できる目標はわずかなものである。したがって、指導案作成作業としては、具体的な授業展開を先に計画し、これを見ながら指導目標を2、3項目に絞っていく方が実際的で作成作業としても無理がないであろう。

② 本時の学習、指導過程

「指導過程」は、その授業の流れを、見ただけでおおよそわかるようにするものである。このため、形式にこだわる必要はないが、およそ次のようなものになろう。

学習内容：授業展開の中は、内容的にいくつかの小刻みな段階があり、その各段階にタイトルをつけることができる。形式にこだわる必要はないが、「学習内容」の欄には、そのタイトルを用語または短い一文で記入する。

学習活動（または「指導過程」）：授業の流れがより具体的にわかるように、展開順序に沿って箇条書きに記入する。必要に応じて重要な発問内容や指導項目を示す。ポイントなる板書内容や、実験装置の図を挿入するのもひとつの方法である。スペースの範囲で、できるだけ詳しく記入してあるとわかりやすい指導案となる。

指導上の留意点（または「教師の支援」）：指導にあたって、教師として留意したいことがら、生徒への支援項目を記入する。発問の取り上げ方、生徒実験にあたって注意しておく重要なポイント、安全面への配慮など、生徒への対応で留意すべき点などがあげられる。また、近年重視されるようになった、授業時間中の評価の観点などもぜひ記入しておきたい。

第3節　教育実習の特色

　教育実習は、教員免許を持たない者が一定の期間だけ教育活動に携わるという面において、実習生にとっても生徒にとっても特異な体験をする機会である。また、教育実習で行われた授業は、専任の教員によって再度行われることはない。このため、教える内容について、教材の扱い方について、教える者が責任を持つという自覚が必要となってくる。

1　実習生であることのハンディ

　普段の授業では、教師は、年間指導計画の中において、その授業がどのような位置づけにあるのか、生徒がこれまでどのような学習をしているのか、などを把握して臨んでいる。しかし、実習生の場合、これらの点でハンディがある。このハンディを少しでも克服しておくためには、少なくとも事前に教科書全体に目を通しておくことが望まれる。このとき、学校の実情によっては、教科書の配列通りに授業が進められていないこともあるので、担当の教師に聞いておくとよい。

　普段の授業では、授業が1時間で終結せず、そのまとめを次の時間にまわすこともできる。たとえば、理科の授業では、まず実験の説明と生徒による実験を行い、データの分析

から結論を得るまでの過程を次の時間にまわす、といったことが普通に行われる。しかし、教育実習では、一般にそれぞれの授業が別々の実習生に割り当てられるため、それぞれの授業は1時間でひとまず完結することが要求される。

2 実習生であることのメリット

生徒にとって、教育実習中の授業は何といっても新鮮である。授業内容にいまひとつ深みが足りなかったり、指導技術に未熟な面があったとしても、新鮮であるというだけで生徒は授業に集中してくる。

大勢の生徒を前にするだけでなく、指導教員や実習仲間に観察される中での授業は、緊張するものである。しかし、緊張しながら何かを行うとき、誰しも無意識に一生懸命になっており、その意気込みは必ず伝わるものである。また、このようなときには、大きな失敗はしないものである。小さな子どもが初めてのお使いをする様子を追跡する番組がある。教育実習生を初めてのお使いをする子どもにたとえるのは失礼かもしれないが、これが感動を与える番組として人気があるのは、その一生懸命さが伝わってくるからであろう。

第4節 教育実習の方法

1 実地授業の進め方

1時間の授業は、一般に「導入」、「展開」、「まとめ」、「次時の予告」の段階がある。

① 導　入

導入がうまくいけば、授業の半分は成功したも同然である。導入にはいろいろな方法がある。普段の授業では、前時の復習から入って本時の授業につなぐのが一般的であるが、自分が前時の授業をしていない場合(教育実習ではほとんどこのパターンとなる)、効果的な導入になりにくい。むしろ、その教材に関係がある話題を準備し、それを導入に利用するのが効果的である。実物や映像など、視覚的効果に訴えるものを利用すれば効果は一段と増す。

教材に関して知っていること、体験したことを生徒から引き出し、これを導入に利用することは、教員がよく採用する方法である。しかし、これは生徒の回答内容が十分予想できる教員が行う場合は効果があるが、実習生がこの方法を行ってもうまくいかないことが多い。これから入ろうとする授業内容と関係のない回答が返ってきて、自分が予定している展開に舵を切り直すことが難しいからである。この方法を用いるときは、生徒の実態が

わかっている指導教員と十分に相談してから行うことを勧める。

② 展　開

学習内容の説明：使用している教科書にある用語を使用する。自分が習ったときと用語が変わっていることがあるので注意しなければならない。板書では、その用語がカタカナ書きか、漢字書きかについても注意する。

発　問：発問は、生徒が何についてどのように答えたらよいかわかるように具体的な内容を問う。何を答えたらよいのか迷う発問がしばしばあるが、事前に実習生同士で試しておくとよい。また、生徒が答えられない場合、いい換えをしないと伝わらないことがあるが、発問の内容がずれないようにすることが肝心である。三択くらいの選択肢を準備して発問することも場面によっては効果的である。

また、発問は、生徒全員を対象に投げかけるべきである。ある生徒のそばに行って、その生徒にだけ発問すると、授業が1対1になり、授業が全体のものにならない。

指　示：指示についても、生徒が何をすればよいのか具体的に示すことがポイントである。発問や指示は、一度文字にして、その表現で生徒がわかるかどうか事前に検討するくらいの慎重さが望まれる。よく、生徒の状況に応じて臨機応変に対応するという実習生があるが、実習生の授業中に、発問や指示が臨機応変にできた例はたいへん少ない。

生徒からの質問への対応：生徒が質問したら、その内容を一度全員に伝え、その後全員に聞こえるように説明する。質問した生徒の近くに行って答えたりすると、1対1のやりとりとなり、他の生徒が置き去りになってしまう。授業は常に全員を対象としていることを意識することである。

ところで、生徒から質問が出るのは、授業の内容が理解できなかった場合と、内容が理解できたために新しい疑問がわいた場合とがある。いずれにしても、事前の教材研究が十分になされていないと答えられないことが多い。このためにも、教材研究は十分に行っておくことが重要であり、また、普段の学業生活を真剣なものにしていくことも大切である。

生徒の質問に対しては、その場で答えるのが当然であるが、自信のないまま中途半端な答え方をするくらいなら、後にでもよく調べてから答えるように持っていく方が好感が持たれる。

ところで、予定した授業内容が早く終わり、時間が余ることがある。このようなとき、「この授業について、何かわからないことがあったら質問しなさい」となりがちであるが、これは最悪のパターンだと思ってよい。なぜなら予定していたものを出し切ったので時間

が余ったのであり、質問が出ても答えられないからである。

板　書：黒板に書いて示すことが板書である。授業の最初の時点で、本時の題目を板書する。本時は何について学習するのか、そのタイトルで示すのである。その次から、本時の学習内容を簡潔にまとめて書いていく。ふつう、生徒は板書内容を書き写す行為によってノートを仕上げていくため、1時間の授業内容がノート1〜2枚分に要領よくまとめられるように板書の計画を立てるとよいだろう。

　板書をどのように仕上げるのか、事前に計画しておく。これを板書計画という。短い語句で効果的に示すには、どのように表現するのか、どの部分を色チョークで示すか、下線はどこに引くか、図は黒板のどの位置に描くか、引き出し線は図のどこから引くか、文字や図を書いた厚紙を貼った方がいいのか……など、板書計画の善し悪しによって、生徒の集中度、理解度は大きく異なってくる。

机間指導：生徒が与えられた問題を解いているとき、資料を調べてまとめているとき、生徒実験を行っているときなど、生徒が個々にあるいはグループごとに作業している場面で、生徒の間を回ることがある。このときに行うのが机間指導である。生徒の作業状況を確認する、個々の生徒の質問に答る、実験操作の援助をする、安全面について確認するなど、それぞれの場面に応じて、指導の内容は異なる。生徒の個々の反応や理解度を把握する機会のひとつである。

安全面への配慮：実技を伴う授業では、安全面についての配慮が必要である。その配慮は、具体的であるほど効果がある。たとえば、生徒にガスバーナーを使わせる場合、「火傷しないように気をつけなさい」と抽象的にいってもあまり意味がない。演示をしながら「火をつけるとき、顔をバーナーの口の上に持ってこない。マッチの火はバーナーの口の横からつける」というように、具体的に示すことが肝心である。

　危険防止というと、禁止的な指示をすることが強調されがちであるが、内容によってはどの程度危険なことなのか見せておくことも必要であろう。たとえば、アルコールは引火するので、火を近づけないように極力注意を促す。しかし、実験台上に少量のアルコールをこぼして点火し、爆発的な燃え方にはならないこと、あわてずにぬれ雑巾で覆うと簡単に火は消えること、などを見せておくことも、いざという時のために意味がある。

　③　まとめ

　このまとめの段階では、1時間の授業を通してどんなことを学習することができたのかを確認する。

④ 次時の予告

この段階では、まとめを作ったあと、次時の授業においてどのようなことを行うのか、どのようなことを学んでいくのか、をあらかじめ知らせる。

2　批評会について

① 批評会の意義

実習生の授業が終わると、空き時間や放課後を利用して、それぞれの授業に対する批評会が行われる。この批評会は、授業をどのような観点で観察することが重要なのか、また、次の授業を構成するにあたって、どのような点を重視すればより質の高い授業ができるのかについて具体的に学び合い、高め合うために行うものである。

質の高い批評会が行われると、お互いの授業観察の視点を深めたり、次の授業づくりへの新しい観点を学ぶことにつながる。

② 批評会の実際

批評会では、まず授業者から、授業でねらいとしたことはどのようなことなのか（各自に配られる指導案にも書いてあるが）説明を行い、次に、授業を実施してみてどのような課題や反省があるか述べる。これを受けて、他の実習生から授業に対する質問、および意見を述べ合うのである。

授業の準備、導入、発問内容、生徒とのやりとりの仕方、板書内容等について、改善した方がよいと思うこと、よかったと思うことなどを出していく。指摘する内容が具体的であればあるほど、その後の授業観察や授業づくりに役立つ。

厳しい指摘をすると、自分の授業の批評会でやり返されるのではと心配したり、自分の授業でもそこまでは無理だろうからと遠慮していたのでは、お互いのためにならない。批評会では「自分のことは棚に上げて」積極的に発言してもらいたい。

（栗園重弘）

第4部
教材研究と授業構想に基づく
指導案作り

第9章　授業に向けての準備

　さあ、いよいよ授業で子どもたちと向き合うときが来た！　その瞬間を想像してみよう。初めて一人で担当する授業である。あなたは教室に入る前にどんなことを考えるだろう。

　「子どもたちはどんな表情で迎えてくれるだろうか」、「最初にどう話しかけよう」、「話を聞いてくれるだろうか」、「積極的に授業に参加してくれるだろうか」、「緊張して何をするか忘れそう、頭の中が真っ白になりそう」、「指導案通りに進まなかったらどうしよう」、「時間が余ってしまったらどうしよう」……。

　先輩たちは多かれ少なかれこうした思いを克服していき、次のような感想を述べている。

　「はじめはどうしても自分から積極的に生徒にアプローチできなかった、けれども、子どもたちが声をかけてくれたり、毎日の日誌や感想をやりとりしたりするうちに、楽しかったよ、とか、わかりやすかったよ、とか、がんばって、という言葉に励まされました」。

　初対面の人と話をすることが得意な人はそれほど多くないだろう。ましてや、いきなり「教える」という関係を切り結ぶことになるわけだから、教育実習生が緊張するのは無理もない。けれども、多くの実習生は、実習の終わりまでにそれを乗り越え、いや、子どもたちに助けられて、教師になりたいという思いを強くして大学に帰ってくる。不安に思うことはない。授業で自分の良さを思い切り発揮できるように、しっかり準備していこう。

第1節　実習の前にできること

　何事でもそうだが、自分に自信がないときには不安は大きくなる。音楽、美術、英語など、教師自身が「教材」となるような教科の場合はなおさらであろう。しかし、自分自身が大学で専門に学んでいることを生き生きと伝えられる実習生は、子どもたちにとって魅力的な存在であり、「教師」としての存在感を子どもたちに認めてもらえる。これはどの教科でも同じである。まずは、教科専門と呼ばれる領域で自分を磨くことである。

　さて、授業の実習に関わって、事前にできることを具体的にチェックしてみよう。実習が始まれば自由な時間は無いに等しいわけだから、いまのうちにゆとりをもって準備をするだけでも、かなり違う。

① 指導教諭との打ち合わせを(②、③を参考に)行う。
② 学習指導要領やその指導書、教科書を確認し、購入する。自分の指導することになる子どもたちがどのような教科書を使っているのか、丁寧に見ておこう。担当する学年だけでなく、たとえば中学校ならば、3年間通して見る。また、教科書の指導書を各教科書会社が出版しているので、参考にすることもできる。同じ教材が複数の教科書で扱われている場合、指導書などで比較検討してみることも勉強になる。
③ できれば、1カ月前までには、自分の担当する単元について指導教諭と打ち合わせをし、教材研究を開始する。

第2節 教える単元が決まったら

　単元が決まるということは、たとえば、国語や英語、音楽であれば、教科書のこの教材というように、具体的な教材が指定されることもある。また、算数や社会、理科の場合、もう少し広い教科内容の場合もあるだろう。いずれにせよ、まずはその単元の内容と真剣に向かい合ってみよう。詩や物語、説明文であるなら、自分で何度も読み込む。歌唱教材であるなら、何度も歌う。教師自身が教材の良さ、魅力、限界、問題点など、いろいろなことを発見していく教材研究の過程を省いて児童・生徒の前に立てば、どんなにそつのない授業であったとしても、子どもの認識は深まらない。

　次に、これまで自分の視点から見てきた単元を子どもの視点からもわかりやすい見方で見直してみる。たとえば、公民科で、「自分がハンバーガー店の店長だったら、どこに店を出すか」という発問は、経済の勉強だとわかっていても、思わず授業に身を乗りだすきっかけを作る。杉浦元一は「中学生は現金なもの。その時おもしろいと感じたら、理屈抜きで楽しみます。これは自分に必要だと思ったら、一生懸命に取り組みます。そういった生徒のエネルギーを、授業にうまく生かしていきたい」という。また、加藤好一は、社会科の授業のなかで、南アフリカ共和国の成り立ちや産業を理解させるために、「ほかの国旗がなかに入っている国旗を探して見よう」という指示から始めている。これは、誰でも参加できる作業であり、そこから、「この国旗にはどのような意味があるのか」という発問へと進む。教科書の記述のまま教え込むのではなく、教材研究を深く行うことによって発見した「子どもたちの思考を促すかたち」へと教科内容を変身させる、それが教材づくりといえる。いい換えれば、子どもたちには「見えない」教科内容を「見える」教材へと生みかえ

るということである。

　教材研究は十分に行う必要があるが、集めてきた資料をたくさん提示すればよいかといえば、けっしてそうではない。子どもたちの視点に立ち、その教科内容をつかむのに最も適した教材がいるのである。厳選された材料を提示して、クラスみんなで考えていくうちに歴史的事実をも解き明かすことができる。一人では触れることのできない世界に踏み入ることができる。こんな学習の積み重ねが「何のために学校に通い学ぶのか」という答えにもつながっていく、と今泉博はいう。

第3節　1時間の授業を組み立てる

　教材と向かい合い、子どもの立場に立って教材を加工していく、その過程では、おそらく、こんな話をしよう、こう投げかけてみよう、こんな活動をしようという思いがふくらんでくるはずである。それを、一枚の指導案にまとめることで、いよいよ具体的な授業の設計図ができあがっていく。実習生は無意識のうちに自分の受けてきた授業のスタイルを模倣してしまうことが多いが、是非、実習校での観察実習を通して指導教諭に学び、また、教職課程で学習した指導法を復習しながら、実習校での授業をイメージしてみよう。

　大学で書いた指導案は、あくまで仮想の子どもたちを対象としたものだったが、今度は、一人ひとりの顔が浮かんでくる。このクラスで、この時間に、この展開と、具体化していきながら、発問、資料の提示、指導の方法を考えていく。現場の教師でも、一枚の指導案を仕上げるまでに、かなりの時間をかけるのだから、実習生にとっては大変な作業である。しかし、指導案の項目を一つひとつ考えていくことによって、場当たり的な指導ではなく、この授業を通してどうしてもつけたい学力や展開の途中で気をつけるべき点を確認し、教室全体に目配りをしていくゆとり、さらにいえば、事前に指導案として構想したプランそのものを、子どもたちの応答に即して、変更していくゆとりが生まれる。

　建物の設計図は、現場で変更することによって不具合を生じるかもしれないし、演劇のシナリオを俳優が勝手に変えてしまうことはないだろう。しかし、指導案はその通りに実行しようと固執することによって、むしろ子どもから離れた机上の空論となってしまうこともある。指導案を乗り越えて子どもたちが活躍するような授業はけっして悪くない。そんな子どもたちを前もって予想した指導案が書けるようさらに自分を磨く、その一つのステップと考えてもいいのではないだろうか。

指導案は、本来授業をする教師のためにあるものだが、もう一方で、指導の改善を図るためには、他の人が見てもわかりやすい書式である必要がある。それぞれの学校で独自の書式が開発されている場合もあるし、地域で同じ書式を共有している場合もある。だから、書式も学校ごとに異なると考えておいた方がよいだろう。実習が始まるまでに指導案の書き方についても打ち合わせをしておこう。

学習活動のスタイルによっては、行事づくりや総合的な学習のように子ども自身が活動の目標や内容を決めていくタイプ、学級での話し合い活動のような問題や課題の解決をしていくタイプ、教科学習のように既存の順次性や計画があるタイプ、などにわけることもできる。指導案もそれぞれの活動に応じて、柔軟に考えていかざるをえない。ここでは、おもに教科学習を中心に、一般的な項目をあげながら説明をするが、基本的には表記の仕方が異なるだけで、そこで求められている授業の構想はそれほど違うわけではない。項目の趣旨をよく理解し、自分の学習してきたものとの違いや共通性を分析し、実習校の書式に対応していこう。最近ではワープロでの作成が求められるケースが多いようである。また、英語科の場合、英語による teaching plan 作成が基本となっている学校もある。

以下、内容の関連するものを4つに分けて見よう。

1　この授業は、大きなまとまりのなかの1時間である
　　──題材(単元、主題)名と題材目標、指導計画、本時の目標──

実習生は限られた期間だけ授業に関わるが、当然のことながら、教科としての系統性が存在する。それは、学習指導要領や教科書、その学校の独自の教育計画や年間計画など、より大きな視点から定められたものだから、まずは、指導教諭との打ち合わせを密に行って、たとえ、何をやってもよいといわれた場合でも、子どもたちのこれまでの学習とできるだけ関連をもたせて題材を設定する方が望ましい。「生命のつながり」のように簡潔にタイトルをつける場合と、「詩と旋律の結びつきを味わおう」のように、子どもたちにもその単元が理解しやすい表現を用いる場合とがある。

そして、その単元、題材全体を通して子どもたちにつけたい力を、題材目標として記載する。現今では、指導目標であれば、「させる」という語尾ではなく、子どもたちの学習を教師が支援して「できるようにする」「高める」「育てる」といった語尾に変えるか、目標を児童・生徒の学習目標と位置づけ、「できる」「わかる」「理解する」といった語尾にすることが多い。これは、教師が「教え込む」のではなく、子どもたちが「学ぶ」支援をする、という授業の捉え方の変化によるものである。実習生の場合も、基本的な姿勢として認識しておく

べきである。

　題材や単元はふつう数時間にわたって設定されるため、その計画が必要になる。第１次、第２次という大きなまとまりのもとに数時間の授業が組まれる場合もあるし、実習生のために比較的短い時間数があてられることもある。いずれにせよ、今日のこの授業が計画のどの部分にあたるのか、(本時)という記載を計画のどこかの時間に記しておく。

　本時の目標は、以上のような設定に従って導き出される。大きな単元目標に対して、この１時間で子どもたちにつけたい学力は何か、できるだけ教材に即して具体的に設定する。

2　この単元に向かう教師としての思いを書こう
　　　──題材観、教材観、児童(生徒)観、指導観──

　題材設定の理由としてまとめて書く場合もあるが、「第２節　単元が決まったら」の段階で行った作業をわかりやすく書いていく。まず、題材名、あるいは、単元名について触れ、次に、教材についてさまざまな角度から書く。そして、そのクラスの児童・生徒の学習経験やこの単元に入るまでにつけている力、日頃の学習の進め方、関心、意欲などの実態や可能性について述べ、最後に、この題材(教材)を児童・生徒に出会わせるにあたって、どのような指導の手だてをとるのか、具体的に書いていく。実習校によっては、この部分を大変重視する。なかには、この項目をＢ４の用紙１枚ぎっしりと書く場合もある。その長さを書ききるだけの教材研究と、指導に対する真剣な取り組みが必要である、ということである。

3　つねに子どもたちの学習を見つめ、指導に生かしていこう──評価規準──

　この授業を通して子どもたちにつけたい学力とは何か、いい換えれば、子どもたち一人ひとりがこの授業でどう変わればよいのか。子どもたちが学校に来て学ぶ意義を考えたとき、たとえ実習生の授業であったとしても、この問いをその時間のなかで必ず確認する必要がある。それは、単元全体で設定されると同時に、１時間の授業全体、さらには、授業の流れのなかでも確認し、それを子どもたちの指導に生かしていく姿勢が重要である。

　そこで、一般に「関心・意欲・態度」「思考・判断」「技能・表現」「知識・理解」という４つの観点に分けて具体的にする。もちろん、たとえば音楽科だと、「思考・判断」の代わりに「音楽的な感受や表現の工夫」、「知識・理解」よりもむしろ「鑑賞の能力」というように、各教科の特性に合わせて異なる。また、理科では、「技能・表現」の代わりに「観察実験の技能」となる場合もある。この単元で、あるいは、この授業のこの場面では、どの観点のどういったことができればよいのか、それを明確にする。それによって、目標として掲げた

ことが、具体的な事実として確認され、教師の手がかりともなるのである。「目標と指導と評価の一体化」ともいわれている。

現在、各学校でこうした評価規準の作成が進められているので、指導教諭との相談のうえ、この項目を埋めていこう。たとえば、算数の「大きな数」の単元で、「思考力・判断力」にあたる観点項目の一つとして、「10ずつまとめて数えると数えやすいことに気づく」と設定することもできる。指導案では、できるだけ、授業の中で子どもたちが自ら獲得し身につける資質や能力を、基本的には４つの観点に即しながら幅広くかつ具体的に考えていくことで、子どもたちの学習と教師の指導とを結びつけ、指導の結果にも責任をもつことができる。それと対応して、テスト、ワーク・シート、学習カード、行動観察、作品などさまざまな評価方法を意識的に取り入れて、子どもの学習の状況を的確に評価する工夫が必要である。

4 シナリオではない、呼びかけ応えるドラマとしての指導案を考えよう──展開──

① 横軸の要素

展開では、時間の経過に沿って１時間の授業の流れを記入する。横軸の要素とは、その時間の経過に沿って、並行して確認すべき項目である。単純に考えれば、教師の働きかけと子どもの学習ということになる。そのまま、指導内容、学習活動、指導上の留意点、という３つの流れで記載されたものが多かったし、また、指導案の略案にはいまでもその形式をとっているものがある。しかし、展開を書くときにこれだけしか考えなかったとしたら、あなたは本当に子どもたちの前で十分なタクトを発揮できるだろうか。

これまでのところで深めてきたこの授業への思いを、具体的なプランとして具体化するのが展開である。したがって、そこには、「歌詞の意味を説明する」とか「わからない語句を説明する」といった活動の羅列、単なる手順を記すのではなく、「負われてみたのはいつの日か」とあるけれど、「だれが何をどこで見ているのか」、「負われているのか」、「追われているのか」、ここで「負われて」とは、「だれがだれに負われているのか」、といった発問によって子どもの思考をつき動かし、「子どもが夕焼けのなかで赤とんぼを追いかけている」という観念的な情景描写から、「ねえや」の存在、過去と現在を対比した歌詞の意味などに、子ども自ら気づいて、歌唱表現に生かしていけるような働きかけこそ、記されていなければならない。それが書けないということは、教師自身の教材との向き合い方が足りないことに直結する。もう一度、最初の教材観に戻って指導案を考え直すべきであろう。

このことはどの教科にもあてはまるはずである。経験の浅い教師が最も行き詰まりを感

じるのは、適切な発問を投げかけ、子どもの思考を発展させること、そして、能力差に対応していくことだといわれている。実習生の場合、なおさら、この発問計画が重要になることはいうまでもない。

したがって、項目名は異なっていても、教師は子どもの学習活動に対して単に「留意」するだけの存在ではない。子どもの学習活動を突き動かしていく教師の働きかけ、そして、それに対する子どもの応答予想が豊かに構想され、教師の呼びかけに対して子どもが応え、子どもたちの間で、集団であるからこそ可能となる多様な意見がからみあうような学習活動が仕組まれていることが読み取れる指導案でなくてはならない。

また、**3　つねに子どもたちの学習を見つめ、指導に生かしていこう**の評価規準の箇所で書いたように、授業の流れのなかで、そこで子どもにつけてほしい力を教師が意識しながら、つねに子どもを見ながら、そして評価しながら、授業を展開することが、刻々に展開していく授業を方向づけていくポイントとなる。子どもたちを見る力を鍛え、授業に生かしていくためにも、「評価の観点」を授業の流れに沿って記入し、心の中で立ち止まって確認していく一つの手がかりとしたい。

その他に、時間配分、準備物などを記載する場合もある。板書、視聴覚機器、プリントなどについても、使用するタイミング、提示する内容、子どもの活動との関わりについて、事前に計画をしておく必要がある。

② 縦軸の要素

縦軸とは、時間の流れに沿って考える内容である。授業開始後の何分間かでその1時間が決まるといわれるように、導入、展開、整理という3部分で考えても、それぞれが重要な意味をもっている。導入の部分に基本練習を置かれる場合もある。子どもたちの普段の学習で効果的な授業のリズムは、必ず事前の観察実習や指導教諭との打ち合わせで確認する必要がある。また、整理の部分で、自己評価、相互評価のカードを利用する場合もある。また、学習活動によっては、班を活用したり、隣同士で話し合ったり、ピアノのまわりに全員を集めたり、といった指導形態の転換も必要となる。つねに一人で全員の子どもたちに向き合うのではなく、子どもたち相互の関わり合いを組織していくことで、よりダイナミックな展開を期待することもできる。

以上の点を踏まえたうえで、ドラマとしての授業展開、すなわちヤマ場を考えて見よう。子どもたちが感動と達成感をもって授業を締めくくれるように、1時間の展開のなかでの発問計画あるいは表現活動を作ってみよう。授業のリズムには緩急が必要だが、緊張感を

もって子どもたちがその教科内容と対峙していくヤマ場を作り出すことで、授業は次の時間へと発展的に継続されていくのである。

第4節　プレ授業をやってみよう

　指導案はゆとりをもって指導教諭に見ていただこう。そして、予行演習をやってみることを勧める。まず、指導案に沿って、教室に入った瞬間から自分の語りかけることばをシナリオのように書き出してみる。できれば、教室で、誰かに生徒役になってもらって実際に模擬授業ができればより望ましい。実習日誌によく出てくるのは、「声の大きさを注意された」という反省である。ふだんの生活では出さない声の大きさや向きを、いきなり授業本番でうまく調整しようとしてもそれは難しいことである。また、子どもたちに向かって語りかけるには不適切な言葉かけや言葉づかい、差別的な表現、学生ことばなども、模擬授業をすることで意識して気をつけることができる。次に、意識して気をつけるチェックポイントの例をいくつか紹介しておこう。

① 声の大きさは？　（大きい　　　　　　⟷　　　聞こえにくい）
② 表情は？　　　　（明るく豊か　　　　⟷　　　暗く乏しい）
③ 視線は？　　　　（子供に向いている　⟷　　　うつむいて視線を合わせない）
④ 雰囲気は？　　　（暖かい　　　　　　⟷　　　冷たい）
⑤ 話す調子は？　　（めりはりがある　　⟷　　　ぼそぼそと単調）
⑥ 説明は？　　　　（簡潔、ていねい　　⟷　　　冗漫、荒い）
⑦ 動きは？　　　　（教室全体を動いている　⟷　教壇にとどまっている）

　初めて車のハンドルを握った人が、左右から突然現れる人影、信号の移り変わり、割り込んでくる車、それらにうまく対処しつつ、流れに沿って時間通りに目的地に着くことができるなど、到底不可能と誰もが思うだろう。実習生の授業も似たようなところがある。指導案は地図のようなものである。その通りに行こうとしても、工事中で迂回する必要もあるだろう。目の前には子どもたちがいる。チャイムからチャイムまで、時間は厳密に設定されている。こどもたちと応答する関係のなかで大切なのは、その過程である。
　ヘレン・ケラーの師サリバン女史は「わからせることはむずかしい。だが、相手が自ら

問うときはわからせることもむずかしくない」といったそうである。また、今泉博は「どんなに荒れている子どもでも、学ぶことを拒否しているように見えても、人間としての知的好奇心を決して失ってはいない。むしろ、自然や社会や人間について深く学ぶことに飢えているようにさえ思われる」、「『拒否』と『渇望』が同居している」と述べている。

　ここまで準備したら、自信をもって教室に入ろう。子どもたちを信頼し、子どもたちから学ぶという謙虚な姿勢をもって、一人の教師として堂々と授業を展開してみよう。

引用・参考文献
(1)　加藤好一『教師授業から生徒授業へ』地歴社、1997年。
(2)　藤原和博『世界でいちばん受けたい授業——足立十一中[よのなか]科——』小学館、2001年。
(3)　今泉博『学びの発見　よみがえる学校』新日本出版社、2001年。
(4)　斎藤喜博『授業の展開』国土社、1964年。
(5)　人間教育研究協議会『評価規準を授業に生かす』金子書房、2002年。
(6)　稲垣忠彦『授業を変える——実践者に学んだこと——』小学館、1988年。
(7)　吉本均編『呼びかける指導案を構想する』明治図書、1989年。

（権藤敦子）

第10章　小学校の学習指導案　①国語科学習指導案の例

1　学習指導案の基本的構成

国語科学習指導案

指 導 教 諭　　○○　○○印
教育実習生　　○○　○○印

1　日　　時　　2002(平成14)年10月9日(火曜日)　第3時限
2　対　　象　　第2学年2組(男子19名、女子18名　計37名)
3　単元名　　レオ・レオニの物語を読もう―「スイミー」―
4　単元について

　本作品は、自分の感想を友だちに伝えたり、友だちの感想を聞きながら自分の読みを深めたりすることに適している。また、谷川俊太郎の翻訳による歯切れのよい文体であり、起承転結のはっきりした作品構成である。レオ・レオニ作品には、親しみやすい内容のものが数多くある。本作品をスタートにして他のレオ・レオニ作品を読み広げることも可能であり、読書活動にも生きて働くと考えられる。

　子どもたちは作品を読むことによって、自分の読みの世界を創り出している。それは、疑問に対する繰り返しの読みの活動であり、平板にとらえていた文章に作者の願いを感じ取ったりして、自分の読みを投入していく活動である。一連のレオ・レオニ作品を読み重ねることを通して、他者とのつながりの意味について自分なりに考えるであろう。また、自ら進んで読書活動を展開することも期待したい。

　これまでに身につけた読みの力を十分に発揮し、スイミーの生き方について感想を深めるとともに、レオ・レオニ作品を読み広げる学習を設計してみたい。

　そこで、指導にあたっては、次の点に留意したい。

○　自分の感想から出発し、ともに読み合う活動を通して、新しい読みを創りあげていくようにする。
○　スイミーの気持ちをや場面の様子を想像したことをもとにして、生き生きとした音読ができるようする。

5　単元の目標

○　本作品を読み合ったり、レオ・レオニの他作品を読み広げたりしようとする。
○　ことばに着目して、想像したことや気づいたこと話したり、聞いたりする。

○ 時間の移り変わりや順序に気をつけて、場面の様子を想像しながら読む。

6 指導計画（全10時間）

第1次 新出漢字の読み書きの練習をしたり音読の練習をしたりし、
　　　心に残ったことを発表し合う。 ……………………………………………… 2
第2次 大切なことばに着目し、各場面ごとに読み深める。 ……………… 5（本時4／5）
第3次 レオ・レオニの作品を読み、感想を交流し合う。 ……………………………… 3

7 本時の目標

○ 魚たちみんなが生きるためにどうすればいいのか、と思案するスイミーの行動について読み深めることができる。

8 本時の学習指導展開

	時間	学習活動	指導の意図と手だて	評価の観点
導入	10分	1　「考えた」について各自が自分の読みをもつ。	○本作品における「転」の部分を、前文との関連の中で自分の読みをもてるようにする。「いろいろ」や「うんと」に着目し、多様な読みを交流させたい。	○「いろいろ」「うんと」に着目して読んでいるか。
展開	30分	2　自分の読みを発表し、友だちの読みと重ねる。 3　考えたことを行動化するスイミーについて感想をもつ。	○主人公スイミーの気持ちを想像しながら読み重ねさせる。スイミーの生き方を変えた背景を考えさせる。 ○「大きな魚のふりをして」「もち場をまもること」などをもとにして、スイミーの行動化の分析や意味づけをさせる。	○置かれている状況を考えて読んでいるか。 ○スイミーについての感想をまとめているか。
整理	5分	4　読み取りを生かしてまとめの音読をする。	○この場面でのスイミーの状況を思い浮かべながら音読する。そのためには、短い文・倒置法・読点などを大切にした音読にさせたい。	○学習を生かした音読をしているか。

2　留意してほしいこと

1　学習指導案は、総案（単元案）「1〜6までの単元全体にかかわる部分」と、本時案「7〜8までの1単位時間にかかわる部分」から成っているのが通例である。
2　本実例は学習指導案全体の構成をつかむためのものである。「8学習展開」については略記である。実際には、もっと詳細なものを立案・作成する。

引用・参考文献
(1)　『国語教育学研究』学芸図書、1997年。
(2)　『新訂 小学校国語科教育研究』学芸図書、2002年。
(3)　『新・国語科教育学の基礎』渓水社、2000年。

（吉岡克弥）

第10章　小学校の学習指導案　②算数科学習指導案の例

1　学習指導案の基本的構成

算数科学習指導案

指 導 教 諭　　○○　○○印
教育実習生　　○○　○○印

1　日　　時　　2003(平成15)年2月19日(水曜日)　第2時限
2　対　　象　　第3学年3組(男子20名、女子18名　計38名)
3　単 元 名　　同じ重さをはかろう―重さ―
4　単元について

　＊この項目については、「指導の立場」「指導上の立場」などの用語で記述することもある。小学校の各教科などの学習指導案では、教材(学習材)観、児童観、指導観の各観点から指導者の考えを明らかにすることになる。これらの観点は3つの段落で互いに関連させて記述することが大切である。

　　本指導案での教材観だけを記述すれば、次のようになる。

> 　子どもたちは日常生活において、物を持ち上げたり、身に付けたりするとき、それが何かと比べて重いと感じたり、反対に、軽いと感じたりする体験をしている。また、店で買い物をしたり、体重を測定したりするときに、はかりを用いてものの重さを測定することを見たり聞いたりしている。このような体験的な気づきなどを踏まえて、単位となる重さのいくつ分で測定できるかを理解することは、重さについての認識を深めることになろう。

5　単元の目標

　＊この項目については、「単元目標」「目標」「指導目標」などの用語で記述することもある。いずれにしても、単元全体を通してどのような能力を伸ばすのか、ということについて具体的に述べなくてはならない。算数科でいえば、「関心・意欲・態度」「数学的な考え方」「表現・処理」「知識・理解」についての指導目標となるであろう。ただし、これら4観点すべてにわたって指導目標を記述しなくてもよい。多くの場合は中心となる目標を重点的に取り上げる。

　　そこで、本指導案での単元目標は次のようになる。

> ○ 基準となる重さや量感を養い、日常生活で進んで活用しようとする。
> ○ 重さの単位やその相互関係を知り、はかりを用いて正しく測定できる。
> ○ 単位を決めることにより、重さも、そのいくつ分として数値化できることを理解できる。

6 指導計画(全6時間)

＊省　略

7 本時の目標

○ 提示物と同じ重さのものをつくる活動を通して、触感や視覚による重さの判別するあいまいさに気づき、自分なりの測定方法を工夫する。

8 本時の学習指導展開

	時間	学習活動	指導の意図と手だて	評価の観点
導入	10分	1 掲示物と同じ重さのものを作る方法を話し合う。	○綿のかたまりを提示する。自分の目で見たり手で触ったりして、同じ重さのものを作らせる。つまり、視覚・触覚による重さの判別を体験させ、重さが体積によらないことを実感できる。	○視覚や触覚を使うだけでは正確に重さをはかれないことに気づいているか。
展開	25分	2 同じ重さのものを正確にはかる方法を工夫する。	○学校生活や家庭生活の場面を想起させて、正確にはかる方法を工夫させる。たとえば、重さの違いによる体育用スポンジマットのへこみの違いやシーソーの傾きなどを思い浮かべる。 　棒・スポンジ・ばねなどを事前に用意しておき、子どもの発想を具体化させ、方法を考えさせたい。	○正確にはかる方法を工夫しているか。
整理	10分	3 重さ比べの方法と結果を話し合う。	○工夫したはかり方を説明し、気づいたことを交流し合う。 ○視覚や触覚だけでは重さを正確にはかることができないことや、重さと体積は必ずしも比例しないことを発表し合う。	○気づいたことを発表しているか。 ○結果について理解しようとしているか。

2　留意してほしいこと

1　「4　単元について」と「5　単元の目標」については、ここで、おおよその理解ができたであろう。単元全体を見通した授業づくりの大切さを学んでほしい。

2　上に略記した本時案は、第1次(2時間) 第2次(3時間) 第3次(1時間)のうち、第1次の1時間目のものである。

(吉岡克弥)

第10章　小学校の学習指導案　③道徳学習指導案の例

1　学習指導案の基本的構成

道徳学習指導案

指　導　教　諭　　○○　○○㊞
教育実習生　　　○○　○○㊞

1　日　　時　2003(平成15)年5月8日(木曜日)第5時限
2　対　　象　第4学年1組(男子18名、女子19名　計37名)
3　主題名　正直に生きること　1-(5)

　＊この項目は、教科の学習指導案における「単元名」に相当する。道徳では、主題名とすることが多い。

4　資料名　「よしおのうで時計」(光文書院副読本・4年)

　＊多くの場合は読み物資料となるであろう。しかし、写真・ビデオテープなどの資料も活用できる。提示資料の出典などを明示する。

5　主題設定の理由

　＊この項目において主題観・児童観・指導観の3観点について指導者の考えを明らかにする。この項目は、教科の学習指導案の「単元について」に相当する。

　主題観と指導観は次のようになる。

　周囲の人に対して、「自分のいいたいことを伝えられなかった」という思いを抱いている子どもたちは多いのではないか。もしそのような子どもに「あなたは正直ですか」とたずねれば、「正直ではない」と思ってしまうであろう。しかし、正直でないと思う行為そのものが正直と考えることもできる。だが、子どもたちはそのことには気づいていないであろう。そこで、自分の思いを正直にいえなかった主人公が登場する資料を提示し、正直に生きる、ということについて考え、たくましく生きようとする姿勢を実現するための一助としたい。

　そこで指導にあたっては、次のような点に留意したい。

○　正直に行動する、また、正直に生きるとはどのようなことなのかという疑問を抱かせ、興味・関心をもって思考させたい。

○　資料を通して、自分にとっては不利なことを伝えきれなかった主人公の思い

を実感させるともに、伝えきれなかった苦しさが主人公の心を占拠することの意味を考えさせたい。
- ○ 正直に生きることと事実をいえない苦しみを、よりよく生きるということから考えさせたい。

6　指導時間（全1時間）

7　ねらい
- ○ 正直に生きるという意味を改めて問い直すことを通して、正直に行動しようとする心を育む。

8　本時の学習指導展開

	時間	学習活動	指導の意図と手だて	評価の観点
導入	5分	1　正直に生きるということについて関心をもつ。	○正直者が登場する日本の昔話の挿し絵を利用して、正直・不正直の関係について考える。	○「正直」について興味を抱いているか。
展開	30分	2　「よしおのうで時計」を読んで話し合う。	○主人公は、正直者かどうか考える。ここではおそらく対立する意見が出てくるであろう。それぞれの根拠を出し合うことにより課題意識を高める。	○根拠を見出し意見を確立しているか。
			○主人公が何もいわずに時計を渡した理由を考えたり、30年間もの長きにわたって覚えている理由を考えたりする。	○主人公の行動の理由を考えているか。
		3　自分の生活のなかで同じような事例を考える。	○実生活のなかから同様な事例を思い起こさせ、そのときの気持ちを交流し合う。また、さまざまな後悔の念が正直に生きていくことそのものなのだ、ということに話を展開していく。	○自分たちの生活のなかから同様な事例を思い起こし、発表できているか。
整理	10分	4　正直に生きることをイメージする。	○本時の冒頭で思い浮かべた「正直に生きるということ」と、本時の終末に考える「正直に生きるということ」を比べ、両者の違いを整理し、文章にまとめる。	○　違いを文章にまとめることができているか。

2　留意してほしいこと

1. 教科の学習指導案の立案・作成の方法とあまり相違するところはない。しかし、項目の立て方には異なる部分があるので、注意が必要である。
2. 学習指導要領には「『道徳の内容』の学年段階・学校段階の一覧表」が示されている。「3　主題名」の項目に、「一覧表」との関連を示すことが望ましい。

（吉岡克弥）

第10章　小学校の学習指導案　④総合学習活動授業案の例

1　学習指導案の基本的構成

総合学習活動学習指導案

指 導 教 諭　　○○　○○印
教育実習生　　○○　○○印

1　日　　時　2003(平成15)年11月20日(金曜日)　第3時限
2　対　　象　第4学年3組(男子19名、女子19名　計38名)
　　　　　　　第1学年3組(男子16名、女子18名　計34名)
3　テーマ　カラスのふしぎ
4　ねらい
○　ふだんの生活の中ではあまり気に留められなかったり、嫌われたりしているカラスについて、さまざまな観点から調べることを通して、意外にも自分たちと密接な関係にあることを知る。
○　異学年での交流でさまざまな活動や考えにふれ合うなかで、コミュニケーション能力を高める。

5　活動計画(全10時間)

第1次　本単元についてのオリエンテーション　……………………………………………3
　第1時　それぞれの学年でカラスの生態を紹介したビデオを視聴し、カラスについての意識を喚起する。
　第2時　「カラスのパンやさん」などをはじめとして、カラスが登場する物語・昔話の読み聞かせを聞き、カラスについてい課題意識を少しずつ高める。
　第3時　これまでの活動を生かしたり自分の体験・知識などを出し合ったりして、意見交流をさらに進めていくなかで、グループごとに調べたいこと(テーマ)を絞り込む。

第2次　自分たちのテーマについて調べ学習を行う　………………………………………7
　第1時　全体の場で、決定したテーマや調べたい内容を発表し合う。
　第2時　テーマの追究方法や役割分担などの学習計画を立てる。
　第3時　グループごとに調べたことをもち寄り、それをもとに分かりやすく伝えるための発表の方法について話し合うことで課題を明確にし、今後の学習の見通しをもつ。

第4時　資料の取捨選択を行うとともに、発表方法に基づき具体的に調べ直す。
第5〜7時　調べ活動を進める。

第3次　自分たちのテーマについてわかりやすく発表する方法を工夫し、
　　　　わかりやすい発表をする………………………………………………4（本時4／4）

第1〜3時　発表の準備をしたり、自分たちの発表の改善点を見つけたりし、修正を加える。
第4時　発表会を開く。

第4次　学習のまとめをする ……………………………………………………………………4
第1時　これまでの学習の成果を確認し合い、新たな課題を気づく。

6　本時の目標

○　これまでに追究してきたことをわかりやすく発表することができるとともに、発表者の伝えたいことや工夫に気づく。

7　本時の学習指導展開

	時間	学習活動	指導の意図と手だて	評価の観点
導入	5分	1　本時の課題をつかむ。	○前時の発表練習で意見交換したことをもとに、発表の内容・方法の修正を行うことを把握する。	○課題をつかんでいるか。
展開	30分	2　それぞれのグループに分かれて最後の発表練習をする。【グループ別テーマ】①カラスの種類②カラスの巣③カラスのことわざ④カラスの仲間⑤カラスの知恵⑥八咫ガラスとサッカー日本代表チーム	○6つのグループに分かれ、それぞれを教師が分担して支援する。○わかりやすさという評価の観点を明確にもたせる。○発表内容について、わからないことやもっと聞きたいことをカードに書くことを告げ、発表会に備える。このカードは発表者にとっては新しい課題となる。	○異学年で関わり合いを深めようとしているか。○評価の観点をおさえて聞くことができているか。
整理	10分	3　発表会をする。	○これまでの練習を生かして発表し、しっかり聞き、疑問をもつようにする。	○発表がわかりやすいか。

2　留意してほしいこと

○　総合学習では活動が子どもの学びを支えている。学習指導案・指導計画などとせず、活動案・活動計画としているのも、そのコンセプトを意識しているからである。

引用・参考文献
(1)『小学校総合的学習の新展開』明治図書、1998年。

（吉岡克弥）

第11章　中学校の学習指導案　①理科学習指導案の例

1　学習指導案の基本的構成

理科学習指導案

指 導 教 諭　　○○　○○印
教育実習生　　○○　○○印

1　日　　時　2003(平成15)年6月26日(水曜日)　第3時限
2　対　　象　第1学年A組(男子20名、女子20名　計40名)
3　主題名　光の世界
4　主題設定の理由

○光と音および力の性質に関する事物・現象に興味を持ち意欲的に観察、実験を行うことができる。

○目標をしっかりと立て実験や観察を行った結果を自分なりに考察し考えたことをワークシートに記録することができる。

　本単元は中学校での第1分野の学習の導入として、光や音、力という身近な事物や現象を取り上げ、不思議でおもしろい実験や観察を通して理科に対する興味や関心を高めるとともに、科学的なものの見方や考え方を養っていく基礎づくりとしての単元であると考えられる。

　現在の中学生の普段の生活で音声や映像機器に触れて生活する時間は非常に多いと考えられるが、その仕組みや働きについては関心は薄い。とくに、日常の生活の中で物が見えるという現象は、あまりに身近な現象であるために深く考えることをしないで生活をしている生徒がほとんどである。したがって、逆に「どうして？」という問いを投げかけた際に答えられなかったときには、「あれ？なぜなんだろう」と関心をもつようになることが多い。

　本クラスは明るく活発な生徒が多く、学習に対しても積極的に取り組むことができるが、まだグループ全員が協力してスムーズに実験を進めていくことは十分できないところがあるので、いろいろな実験を通してみんなで取り組んでいく態度を育てていきたい。また、見るとか聞くなどという身近な現象のなかにもきちんと決まった働きや規則性があることを知り、日常生活を科学的な視点からとらえることができる力を身につけさせたい。

5 指導計画(全7時間)

身のまわりの物体を見てみよう ……………………………………… 1時間
光はどのように進むか ………………………………………………… 4時間
凸レンズでどんな像ができるか ……………………………………… 4時間(本時1／4時)

6 本時の目標

凸レンズでどんな像ができるか、凸レンズの性質を理解し光学台の使い方を覚えるとともに焦点・焦点距離について理解する。班(グループ)の仲間とともに実験を正しく積極的に行っているかどうかを確認する。

7 本時の学習指導過程

	時間	学習内容	学習活動	評価の観点
導入	5分	本時の課題と目標を確認する。	○凸レンズとはどんなレンズなのか、いろいろな見え方を探る。 ○見え方の不思議を発見する。	○説明がきちんと聞けているかを確認する。 ○見え方をメモすることができているかをよく観察する。
展開	30分	凸レンズと像の関係について説明する。 実験2の説明をする。光学台についても説明する。	○焦点、焦点距離についての説明を聞く。 ○実験2の説明を聞いて実験に取り組む。	机間巡視 ○各グループごとに凸レンズを使って実験ができているかを見る。 ○協力して積極的に実験が行われているかを見る。
整理	10分	まとめ 次時の予告をする。	○実験の結果・考察・感想をワークシートにまとめる。 ○発表する。 ○次時の予告を聞く。	ワークシートに記入させる。 ○発表の態度はよいか。

引用・参考文献

(1) 飯利雄一・山極隆編『中学校授業改革事例集4 個に応じた理科の授業展開』明治図書、1987年。
(2) 江田稔編『新しい時代の学力づくり授業づくり 資質・能力を育てる 中学校理科 第1分野』明治図書、2001年。
(3) 鷹取健・和田武久編『21世紀の学力を育てる中学理科の授業 4』星の環会、2001年。

(高橋ゆい)

第11章　中学校の学習指導案　②国語科学習指導案の例

1　学習指導案の基本的構成

国語科学習指導案

指 導 教 諭　　○○　○○㊞
教育実習生　　○○　○○㊞

1　日　　時　　2003(平成15)年6月26日(水曜日)　第5時限
2　対　　象　　第2学年A組(男子20名、女19名、計39名)
3　主題名　　僕の防空壕
4　主題設定の理由

　想像をするという活動は、言葉の表面に現れている部分だけではなく、ことばの裏側を見つめていく活動である。想像活動を通して、その先に何があるのだろうと、未来を楽しむこともできるし、表に見えない人の心を感じようとすることもできる。子どもたちが読書を楽しまなくなってから、この想像力が非常に乏しくなり、想像活動が難しくなってきてはいないだろうか。

　また、語彙力にも大きな影響がでている。自分の気持ちを上手く表現できないいらだたしさを感じている生徒も多い。想像力のある生徒は、自分の未来に夢を持つことができるので、今を楽しむことができるが、ゲームづけになってしまっては、現実を見つめたとき虚しさを味わうのではないだろうか。

　この教材では、読書を通して、子どもたちに戦争の悲惨さや、平和のありがたさを学ばせようとするものである。文章中の心情、情景描写を読んで、自分なりに疑問を持ったり、納得したり、寄り添ったり、共感をさせることで、その当時の人々の悲しみや切なさを心で感じ取らせていきたい。また、読んでいく中で疑問に思ったところは、実際に本を使って調べていくことで、より深く「平和の大切さ」を実感させたい。

　生徒はたいへん活発で、明るく、思ったことはすぐに口に出すことができるが、深く捉えることが苦手なので、じっくりと読ませ聞かせる雰囲気を作り、人間、社会について考えを深めさせていきたい。

○　読書の幅を広げ、豊かな考え方や捉え方をしようとする態度を育てる。
○　登場人物の心情について、出来事の推移に注目しながら読み味わう。

○ 戦争に関して理解を深め、自分の意見を書くことができる。

5 指導計画（全5時間）

「僕の防空壕」を読み、印象に残った場面に印をつける。 ……………………… 1時間

印象に残った場面について話し合い、自分たちの課題を探す。課題に
　　ついて全体で話し合う。 ……………………………………………………… 1時間

少年と「お父さん」が防空壕で過ごしている様子やその時の少年の心情
　　を考える。 ………………………………………………………………（本時）1時間

戦争について調べ、考えを深めたうえで、自分の意見をまとめる。 ………… 1時間

自分の意見を発表する。 ………………………………………………………… 1時間

6 本時の目標

① 少年と「お父さん」が防空壕ですごしている様子やその時の少年の心情を捉える。

② 少年の心情を捉えようと、情景や心情表現に注意して読み深めることができる。

③ 戦争の悲しさや切なさを自分のこととして捉え、発表できたか。

7 本時の学習指導展開

	時間	学習内容	学習活動	評価の観点
導入	5分	前時の復習	○ 印象に残った場面の中から、全員で考えることになった場面を確認する。	○ 前時に話し合った結果の課題を確認させる。
展開	30分	課題設定 少年の様子を表している表現から心情を読みとる。	○ 少年が「お父さん」と防空壕で過ごしている様子や、その時の少年の心情を捉えよう。 ○ 少年の様子を表す表現を抜き出す。 ○ 少年が防空壕に入りたかったのはなぜか考える。 母親に声をかけられたとき本当のことがいえなかったのはなぜか考える。 「僕の」となっている理由を考える。	○ 班で話し合わせ、代表者に発表させる。 ○ 少年の気持ちに寄り添わせる。 ○ 僕にとって防空壕がどのような存在であったかを考える。
整理	10分	題名の持つ意味を考える。 評価をする。	○ 自分の意見を持ち伝えられたか。 ○ 評価表に書き込む。	

2　留意してほしいこと

○ 作品を事前にしっかりと読み、主題や表現など、多方面から教材研究を行って児童・生徒の実態にあった授業計画を立てる。

（楠瀬由紀）

第11章 中学校の学習指導案 ③英語科学習指導案の例

1 学習指導案の基本的構成

英語科学習指導案

指 導 教 諭 　○○ ○○印
教育実習生 　○○ ○○印

1 日　時　2003(平成15)年6月26日(木曜日)　第5時限
2 対　象　第2学年C組(男子19名、女19名　計38名)
3 題　材　[LESSON 4] Kumi Talks about Korea
4 指導観

　LESSON 4 の言語材料は、未来形の will である。生徒は、中学校1年生から英語の学習を初め、「現在形」「過去形」と学んできた。「未来形」が加わることにより、さらに表現の幅が広がる。教師による身近な話題を導入しながら、will を用いた活動をすることにより、will を使えるようにしたい。

　題材は、昨年ワールドカップでわいた「Korea(韓国・朝鮮)」についてである。登場人物の久美とともに、韓国・朝鮮の言葉や食習慣などについて学ぶ。ハングル文字や韓国・朝鮮の料理についての話をしながら進めていきたいと考えている。アジアの隣国である韓国・朝鮮に興味をもてるような授業をしたいと思う。

　生徒たちは、4月にクラス替えがあり、仲間作りの最中である。全体としては、明るい方である。英語学習に大変興味関心がある生徒もいる反面、やや消極的な生徒もいる。「一人ひとりを大事にする授業」を作っていきたいと考えている。

5 単元の目標
　○　未来形 will の用法を理解でき、身近なことについて表現できる。
　○　韓国・朝鮮に関心をもち、中でも言葉の学習に興味をもつことができる。
　○　世界のさまざまな国の文化に関心をもつことができる。

6 指導計画(全6時間)

willの導入 ……………………………………………………………… 1時間
Lesson 4, Part 1の本文内容理解 ……………………………………… 1時間
willを用いてのQ and A 活動とLesson 4, Part 2の本文内容理解 ……… 2時間(1／2本時)

will を用いてのインタビュー活動 Lesson 4, Part 3の本文内容理解 … 1 時間

Lesson 4 のまとめ・表現活動 ……………………………………………… 1 時間

7　本時の学習

① 主題　Lesson 4, Part 2
② 本時の目標
　(1)　willを用いて、積極的に会話をすることができる。
　(2)　韓国・朝鮮の言葉について、関心をもつことができる。
③ 本時の視点　will を積極的に使おうとしているか。

8　本時の学習指導展開

	時間	学習活動	指導の手だてと評価
導入	5分	英語であいさつ（話すこと） 簡単なQ and A（聞くこと、話すこと）	・明るく呼びかける。 ・はっきりとした声が出ているか。 ・英語を使おうとしているか。 　（観察）
展開 (1)	15分	本時の課題設定 【今度の土曜日の予定は】 クイズ（聞くこと・話すこと） "Who is he/she?" インタビュー活動（聞くこと・話すこと） レポート（書くこと）	・先生方の予定のクイズをする。 ・英語を集中して聞くように促す。 ・Will ...? を使って質問しようとしているか。 ・英語を使って、活動するように促す。 ・答えるときも、 　Yes, I will.　No. I won't. 　と言えているか。（観察） ・クラスの仲間について will を用いて、文を書く。
展開 (2)	15分	本文の内容理解（聞くこと・読むこと） 音読練習と発表（読むこと）	・絵を用いて、本文を導入する。 ・要点をつかめているか。 　　　　　　　　　（自主発表） ・はっきりした声で読めているか。 　　　　　　　　　（指名読み）
整理	5分	今日のポイントについて 家庭学習の指示 授業評価	・ポイントが理解できたか。 ・自己評価表への記入 ・あいさつは、はっきり。

2　留意してほしいこと

1　単調にならぬよう学習活動に変化をもたせ、生徒全員が集中出来る場面を設定する。
2　学習指導過程の学習活動・指導過程の欄では、わかりやすい授業になるなるよう構成し、授業の流れがよくわかるように記す。図などを利用するのもよい。

（上岡真理）

第11章　中学校の学習指導案　④音楽科学習指導案の例

1　学習指導案の基本的構成

音楽科学習指導案

指　導　教　諭　　○○　○○印
教育実習生　　○○　○○印

1　日　　時　2003(平成15)年6月26日(水曜日)　第5時限　音楽室
2　対　　象　第2学年D組(男子20名、女子18名　計38名)
3　単元名　響きや合わせることの楽しさを感じよう『心の中にきらめいて』
4　指導観

　さまざまな音楽が反映している中、生徒たちはテンポのある曲を好んで聴いたり表現したりしており、教材の中にも取り上げられる傾向がある。曲を耳にしたとき、ふと心を動かされ、自分も同じように演奏したいと思う生徒も多い。

　取り組みが開始されると、柔らかく歌うようにと気をつける点や工夫する点などを考えて授業展開することが多く、"おおらかさ"を忘れがちになる。何が大切であるかを考えていくとき、それは"心"ではないかと思われる。このようなことから、音楽科では心が揺れ動く生徒たちが自然と表現ができる力を養わせたい。

　本学級は、全体的には意欲的に取り組むことができる。詩を感じ取り表現につなげようという意欲はあるが、恥ずかしさからか一歩手前で足踏みしてしまい、曲に入り込めないことがある。しっかり曲を聴き、じっくり感じることができるような時間作りも大切にしていきたい。

5　単元の目標
　○　言葉を大切にした歌い方を身につけることができる。
　○　原曲を聴いて、曲想を感じ取り表現の工夫をすることができる。
　○　友達の表現を感受しその表現のよさを理解できる。

6　題材の目標
　○　主体的な音楽表現をめざし、合唱表現に関心を持つことができる(観点Ⅰ　音楽への関心・意欲・態度)。
　○　歌詞の意味を深くとらえて、シンコペーション・休符の効果を生かした表現の工夫

をすることができる(観点Ⅱ 音楽的な感受や表現の工夫)。

○ 合唱表現で高めたイメージを発声や歌い方の方法に結びつけるようにすることができる(観点Ⅲ 表現の技能)。

○ 他の演奏を聴き、表現の良さを感じ取ることができるように理解できる(観点Ⅳ 鑑賞の能力)。

7 指導計画(全3時間)

範唱を聴き、歌詞唱をし曲の雰囲気をつかむことができるか。 ………………1時間

原曲を鑑賞し、曲想の違いを感じ取ることができたか。 ……………………1時間(本時)

パートのバランスを考えながら、イメージを歌い方へと結びつけ
表情豊かに歌うことができるか。 ……………………………………………1時間

8 本時の学習

① 主 題 原曲に触れより深く音楽を楽しむ

② 本時の目標 原曲を聴き、曲想を感じ表現の工夫をすることができる。

③ 本時の主眼 合唱曲と原曲との曲想の違いを感じ取ることができたか。

④ 展 開

	時間	学習内容	学習活動	評価の観点
導入	10分	1 本時の学習内容を知る	○「ハーモニーを創り出そう」という本時のめあてを明確にする	○めあてを確かめるようにする
展開	35分	2 既習曲を歌う 3 「心の中にきらめいて」を歌う (記号の理解) (録音を聴く) 4 パート練習をする 5 合唱する	○ 全員で歌う ○ 強弱記号を学習する ○ 前時に録音を聴く ○ パートに分かれて練習する ○ 全員で歌う	○気持ちを込めて歌うようにする ○強弱記号の意味を楽譜に記入するようにする ◎どのように感じたか ○音を確認し、発声についてアドバイスする ○友達の歌声に耳を傾けながら歌うようにする ◎合わせようとしているか
整理	5分	6 本時のまとめ	○ 本時を振り返り評価、カードに記入する	○評価カードを用いて評価ができるようにする

引用・参考文献

(1) 東京アカデミー編『中学・高校音楽』ティーエーネットワーク(発売・七賢出版)、2002年。
(2) 西邑裕子著・吉川廣二編『中学音楽教師が授業を変える』明治図書出版、1999年。
(3) 旺文社編『中学音楽』旺文社、1998年。

(小原望美)

第11章　中学校の学習指導案　⑤美術学習指導案の例

1　学習指導案の基本的構成

美術学習指導案

指導教諭　　○○　○○印
教育実習生　○○　○○印

1　日　　時　2003(平成15)年5月23日(金曜日)第5時限
2　対　　象　第2学年A組(男子19名、女子18名　計37名)
3　主題名　デザイン演習～野菜の美しさをデザインしよう～
4　主題設定の理由

　本題材は、生命維持の必然性から産まれた形や構造を見取り、単純化や強調をしていくなかで、自然物の良さや美しさをデザインしていくものである。自然物は観察を深めるとその中に思いがけない美しさをもっており、図案化やデザインのモチーフとするのに適している。とくに野菜は自然物の中でも食卓にのぼる機会が多く、見慣れたものの一つである。そうした身近なものの意外な一面を発見する学習は、物の見方を広げるという点でも価値がある。

　本校の1年生は、素直で指示に従って作業を進めることができる。学習経験としては、小学校時に「ポスターやデザイン画を描いたことがある」と、ほとんどの学習者が答えている。しかし、観察したことをもとに図案化した経験が少なく、形を頭の中で創り出そうとするあまり、概念的になりがちである。

　そこで、まず野菜を「虫眼鏡の目」になったつもりで詳しく観察させたい。その際、野菜の方向を変えたり、切ったり、分解したりと見方を工夫することで、今まで見逃していた自然物の形のおもしろさ、美しさに気づかせたい。図案化するときには、もとになるスケッチを強調したり省略したりしながら試行錯誤させる。彩色する際は、寒色暖色など「色の基礎知識」を押さえ、同時に配色計画を立てさせ、丁寧に塗るよう指導したい。鑑賞会では、図案とその使用目的を関連づけてプレゼンテーションさせることで、デザインの考え方に慣れさせたい。また、制作カードを使用し、学習の流れをつかませるとともに学習状況や次時への目標などを記入させることで、見通しをもった制作活動にしていきたい。

5 学習指導目標

野菜の特徴をもとにして図案を作ったり、使用目的を考えて構成しプレゼンテーションしたりする学習を通して、デザインの基礎技能と基本的な制作態度を養う。

① 自然物の良さや美しさを味わったり、野菜の特徴を表現したりする活動を楽しむことができるようにする。(関心・意欲・態度)
② 野菜の特徴を生かしながら図案を練ることができるようにする。(発想・構想の能力)
③ 単純化や強調などの基本的な造形操作ができるようにする。(創造的な技能)
④ 図案の面白さやデザイン化の考えなどを互いに味わわせる。(鑑賞の能力)

6 学習指導計画(全10時間)

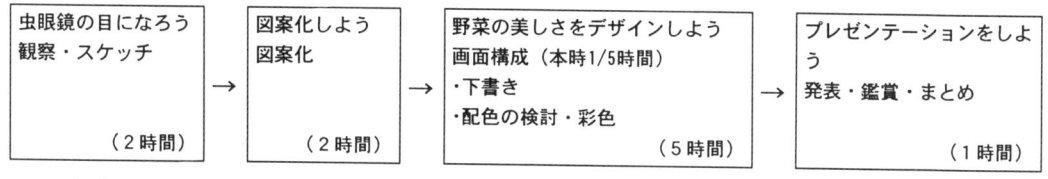

| 虫眼鏡の目になろう 観察・スケッチ (2時間) | → | 図案化しよう 図案化 (2時間) | → | 野菜の美しさをデザインしよう 画面構成（本時1/5時間） ・下書き ・配色の検討・彩色 (5時間) | → | プレゼンテーションをしよう 発表・鑑賞・まとめ (1時間) |

7 本時の学習指導展開

① 主　題……画面構成
② 本時の目標……美的価値やデザイン的価値に着目させることによって、美しさの仕組みを意図したさまざまな画面構成を考えることができる。

8 本時の学習指導展開

	時間	学習内容	学習活動	備考（評価）
導入	10分	1 本時の学習内容を知る。	○本時の活動のめあてを確認させる。「自分の図案を引き立てるための画面構成をたくさん考えよう」	制作カード
展開	35分	2 画面構成をする。 ・学習カードにひな形を制作する。 〈予想される生徒の工夫〉 ・大きさに変化をつける。 ・主役と脇役をつくる。 ・繰り返しによる強調をする。 ・重ねたり、はみ出させたりする。 ・グラデーションを計算した図柄をつくる。 ・一つだけ拡大する。	○参考資料を鑑賞させ、効果的な構成を考えさせる。 指導支援評価項目 〈美的価値〉 　リズム、バランス、アクセント、リピテーション等 〈デザイン的価値〉 　メッセージ性、視覚効果、計画性、使用目的など 〈心情的価値〉 　努力の跡、丁寧さ、楽しく取り組む姿勢など ・机間巡視 　指導支援評価項目にそって言葉かけをする。	参考資料 ・試行錯誤できる。
整理	5分	3 制作の意図をまとめる。 4 自己評価カードの記入をし、次時の予告を聞く。	○制作意図を確認させる。 ・制作経過と使用目的を数名に発表させる。 ○本時の到達目標を確認し、評価カードに記入させる。	・自分の制作意図を明確にできる。 自己評価カード

2　留意して欲しいこと

① 美術の主題(単元)は、学習者実態に応じて再構成するなどし、生徒の学習動機が形成されやすいように配慮しなければならない。
② 本時案では、到達目標をつかませるための〈投げかけの言葉〉や〈発問〉を明確に示すことが大切である。

3　制作カードの例

デザイン演習制作カード

〜野菜の美しさをデザインしよう〜

1年(　　)組(　　)番　氏名(　　　　　　　　　　　)

1．虫眼鏡の目になろう（2時間）

◆**野菜を選ぼう**
　　　　自然の造形美を味わおう
◆**色々なかたちや模様を見つけよう**
　　・いろんな角度から観察しよう
　　・断面の観察をしよう
◆**画用紙にスケッチしよう**

※スケッチをする時の留意点
・
・
・

◆**自己評価しよう**
　① いろんな方向から観察して、おもしろいかたちをたくさん見つけましたか。
　② 切断したり、分解したりして、仕組みを詳しく観察できましたか。
　③ あやふやな描き方をせずに、一本の線で描くことができましたか。
　④ 部分を拡大して、詳しく描くことができましたか。

2．図案化しよう（2時間）

　どの特徴をどのように強調させますか

◆**いろんなふうにかたちを変えてみよう**

強調・省略の視点
・明暗・線・面・輪郭
・多視点の構成・シルエット
・直線的・曲線的・モザイク的

※強調・省略する時の留意点
・
・
・

◆**自己評価しよう**
　⑤ 美しい図案になるよう、試行錯誤できましたか。
　⑥ 単純化と強調によって、より美しい図案に仕立て上げようとしましたか。

③ 「ねらいを達成させるための手だてをどの場面でどのように使っていくのか」を計画しなければならない。
④ 指導案は、指導の手順とその意図、場合によっては留意点を述べながら、つけたい力や育てたい子ども像を明確にしていく。

3．野菜の美しさをデザインしよう（5時間）

自分の図案を引き立てるためには、どう構成すればよいのだろうか

◆構成しよう
◆作品の題名を決めよう
　　　　野菜の特徴、並べ方、使用目的から考えよう
◆下書きしよう
◆配色を考えよう
　　・自分の選んだ野菜の色から
　　・自由に色と色を組み合わせて
　　・寒色や暖色、主調色など
◆着彩しよう
◆自己評価しよう
　　⑦　自分の図案を引き立てるための画面構成を試行錯誤して考えましたか。
　　⑧　図案に合った色を選ぶことができましたか。
　　⑨　全体と部分の調和のとれた配色ができましたか。
　　⑩　最後まで丁寧に塗ることができましたか。

―― 構成のキーワード ――
・シンプルに　　・主と従
・重ね合わせて　・組み合わせて
・繰り返して　　・アクセント
・グラデーション・他の要素

※着彩する時の留意点
・
・
・

4．プレゼンテーションしよう（1時間）

◆自分の作品について説明しよう　　　　◆友達の作品の良さを味わおう
　・私の発見した野菜の特徴　　　　　　　・発表の仕方
　・図案化や構成するときの工夫　　　　　・努力点や工夫点
　・使用目的　　　　　　　　　　　　　　・使用目的とデザインの適合性
◆この学習を通して、思ったこと、感じたこと、わかったことを書こう

（木村典之）

第11章　中学校の学習指導案　⑥技術・家庭科学習指導案の例

1　学習指導案の基本的構成

技術・家庭科学習指導案

指　導　教　諭　　○○　○○印
教 育 実 習 生　　○○　○○印

1　日　　時　2003(平成15)年5月18日(木曜日)　第3時限
2　対　　象　第3学年A組(男子19名、女子20名　計39名)
3　単元名　　子どもの成長
4　主題設定の理由

　現在、家族の形態が急速に変化し、以前はどの家族にもあった当たり前の家庭の機能が減少している。核家族の増加により、家族の人数が減り、それに比例して、人と人との関わり方を学ぶ場が減少してきた。手伝いによって受け継がれてきた生活に必要な知識や技術が、受け継がれなくなってきた。帰宅しても、家族との会話が減少してきた。

　また、最近、特に子育てに関して、幼児虐待のニュースを耳にする。自分の子どもが自分のいうことを聞かない、泣き止まない、することが遅いなどの理由で、簡単に子どもに虐待を加えてしまう。その原因の一つは、今までの親の養育歴のなかに、かつて自分も虐待を受けて育ったことがあるといわれている。また、家族の人数の減少により、小さい頃から家族や兄弟の中でのけんかや仲直りなどの経験が少なく、人とどう接してよいのかわからない。他の人のことを配慮する力が育っていないのである。

　このような社会の変化のなかで、これからの家庭を築いていく中学生には、結婚や子育てを軽く考えてほしくない。また、男は仕事、女は家庭といった偏った考え方をしてほしくない。お互いに相手を思いやり、相手の立場、状況にあった態度がとれないと、家庭は必然的に崩壊していくだろう。

　新学習指導要領で家庭分野の目標は、「実践的・体験的な学習活動を通して、生活の自立に必要な衣食住に関する基礎的な知識と技術を習得するとともに、家庭の機能について理解を深め、課題をもって生活をよりよくしようとする能力と態度を育てる」、とある。学習内容では、「B　家族と家庭生活」の中に「幼児の心身の発達の特徴を知り、子供が育つ環境としての家族の役割を考えること」、「幼児の心身の発達を考え、幼児との触れ合い

やかかわり方の工夫ができること」、となっている。そこで、中学３年生では授業時数が年間35時間に減少しているが、従来から行っている幼児との交流、幼児を取り巻く現在の問題を大切にした授業の組み立てを考えた。

　本時は幼児と遊びについて取り扱う。幼児は、幼児期にいろいろな遊びを体験することで、いろいろな能力を養うことができる。また、一人遊びから徐々にグループ遊びへと変化していく過程で、友だちとのけんかや仲直りなどを通して友だちと接していく方法を学習していく。このように遊びは幼児にとって非常に大切なものであると考えられるため、遊びについて将来親になるであろう生徒たちに理解させたい。

5　単元の目標

①　幼児の遊びの意義について考える。

②　幼児の心身の発達の特徴を知る。

③　幼児と交流をすることにより、幼児との接し方を知る。

④　子どもが育つ環境としての家族の役割について考える。

6　指導計画(全13時間)

　幼児とわたし……………………………………………………………… 1時間

　幼児の体と心の発達……………………………………………………… 4時間

　幼児の生活………………………………………………………………… 6時間(本時２／６)

　　　　　　　　　　　　　　　　(幼児との交流 ……… 2時間)

　保育と環境………………………………………………………………… 2時間

7　本時の目標

①　主題　幼児と遊び

②　到達目標

　　(1)　幼い頃の遊びを思い出すことができる。

　　(2)　遊びを分類することができる。

　　(3)　遊ぶことからどんな能力が発達するか考えることができる。

③　授業の視点

　　生徒の思い出した幼い頃の遊びを使って授業を進めることで、生徒の興味・関心をひき、理解を深めることができたか。

8 本時の学習指導展開

	時間	学習内容	学習活動	評価の観点
導入	23分	幼い頃の遊び	自分が幼かった頃、どんな遊びをしていたか思い出す。 班でお互いにどんな遊びをしたか話し合い、カードに書く。 黒板にカードを貼って幼い頃の遊びを発表する。	遊びの例をあげる 発表者の態度・聞く態度を指導する。
展開	23分	遊びの分類 遊びから発達する能力	発表した遊びを、音を出して聞くもの・組み立てたり作ったりするもの・大人の真似をするもの・見たり聞いたりするものなどに分類する。 遊びを、一人で遊べるものと集団で遊ぶものに分類する。 それぞれの遊びからどんな能力が発達するか考える。	いくつか重なって分類されるものもあることをいう。
整理	4分	まとめ	幼児は遊びのなかでいろいろな能力を発達させていくことがわかる。 本時の授業でわかったことや発見したことを中心に書く。	遊びが幼児にとって非常に大切であることを理解させる。

2 留意してほしいこと

1 学習の目標については、この時間にどのようなことを生徒に学習させるのかという学習の目標を明確にする。そしてそのためにどういった教材を使い、どのように活用するか考える。
2 教材・教具については、
  ① 生徒の興味関心をよく把握し、興味のある学習内容にする。
  ② 生徒がわかりやすいためにどのような教材や教具を使ったらよいか検討する。なるべく実物や写真やビデオなど視覚に訴えるものを使う。また、生徒の理解に効果的である実験や実習も取り入れる。
  ③ 実生活のなかから教材や問題点などを見つける。新聞のニュース、チラシなど生活に密着したものを利用する。
3 時間配分については、具体的な時間配分を考える。案なので時間通りにはいかないが、1時間の流れを把握し、時間の調整をしながら授業を進めるように心がける。
4 板書計画については、生徒にわかりやすい板書計画を事前に立てておく。また、後

ろの生徒まで見えるかどうか、あらかじめ文字の大きさ、濃さ、色にも配慮する。
5 機器について、ビデオやOHPなどを使うときは、あらかじめ授業をする教室で実際に使えるかどうか確認する。

引用・参考文献
(1) 橋本都編『家庭科の授業——新学習指導要領を生かした』小学館、2001年。
(2) 堀内かおる編『中学校技術・家庭科家庭分野題材集 中学校新学習指導要領対応 1 (指導計画)』教育出版、2000年。
(3) 安東茂樹編『中学校新技術・家庭科授業の基本用語辞典——学習指導要領早わかり解説』、明治図書、2000年。
(4) 中村祐治編『中学校技術・家庭科技術分野題材集 指導計画と学習題材の実際——中学校新学習指導要領対応』、教育出版、1999年。
(5) 安東茂樹編『意欲を高める教材・教具の開発——家庭系』明治図書、1995年。

(土居佐智子)

第12章　高等学校の学習指導案　①国語科学習指導案の例

1　学習指導案の基本的構成

国語科学習指導案

指　導　教　諭　　〇〇　〇〇㊞
教育実習生　　　〇〇　〇〇㊞

1　日　　時　2003年6月16日(月曜日)　第3時限
2　対　　象　第1学年A組(男子18名、女子19名　計37名)
3　教　　材　「生まれて」茨木のり子(『国語総合』〇〇〇　現代文編)
4　教材観および学習のねらい

　この作品は、中高生向けの「岩波ジュニア新書」のなかの1冊として刊行された『詩の心を読む』の第一章「生まれて」からの抜粋で、吉野弘の詩「I was born」に関して述べた部分である。本文中にもあるように、誰しも「頼んで生まれてきたんじゃない」受け身の「生」を、自分の「生」として引き受けなければならない。それはいいかえれば自己の存在を、生きる意味を問い直す作業に他ならない。詩中の「僕」に、生徒は容易に自己を重ねることができるだろう。また高校生としてスタートしたこの時期は、まさにこの作品を読んで考える好機といえよう。

　吉野弘の詩は、その「生」の不思議さを、理屈でも教訓でもなく豊かなイメージとして読む者に提示してくれる。まずは、詩の世界を情感豊かに読ませたい。次に、父がなぜ蜉蝣（かげろう）の話をしたのか考えることは、親から子へ引き継がれていく命の意味を考えることにつながるであろう。さらに茨木のり子の文章から、詩の魅力に気づかせたい。

　この文章を読んで考えたことを、自分なりに書かせて保管し、たとえば1年後、あるいは3年後に開封させる。それはそのときに、かつての自己と再会させ、改めてその「生」を考えさせるためでもあるが、むしろそうした書いて保管するという行為を通じて、その時までに自己の「生」について折りに触れて考えさせるための一つの契機とさせたいためである。

5　指導目標

①　詩中の父子の心情を理解するとともに、情景を具体的なイメージとして思い浮かべることができるようにさせる。

② 詩から筆者が発見したこと、考えたことを読み取らせる。
③ 自分自身の「生」について考え、主体的に捉え直すきっかけとさせる。

6　指導計画

① 高校生になっての各自の目標、プロフィールなど、できるだけ多くの角度から書かせる。書き込み用シートを用意するのもよい。 …………………… 1時間
② 「生まれて」を読解する。（本時はその2時間目） ………………………… 3時間
③ 「自分にとって、あるいは人間にとって、いまここに存在するということはどういうことであるか」、筆者に対する意見も含めて自分なりに書かせ、①で書いたものと合わせて保管させる。 ………………………… 1時間

7　本時の指導目標

① 「僕」の言葉を「父」がどのように受けとめ、「僕」が父の話をどのように受けとめたのか読み取らせる。
② 詩のイメージを生かして、音読できるようにさせる。

8　本時の学習活動・指導展開

	時間	学習内容	学習活動	指導上の留意点
導入	10分	本時の学習目標を知る。	前時の学習内容を想起し、本時の学習内容を知る。	どのような内容の詩であったか、僕の発見は何か、思い出させる。
展開(1)	30分	父の話の内容と心情を読み取る。 1．蜉蝣の話から生死の捉え方を考える。 ①蜉蝣の雌と母が重ねられていることを理解する。 ②生死をどのようにとらえているか読み取る。 2．父がなぜこの話をしたのか、理解する。 ①無言で歩いた父の心情を考える。 ②父の妻と息子への思いを理解し、話の意図を考える。	・詩の部分を、指名音読。 ・父の話の範囲を把握し、「その話」の指示内容を確認する。 ・蜉蝣における「生き死にの悲しみ」について考える。 ・蜉蝣と母の対照から生死について考える。 ・色彩感覚等表現や詩語に注意して生死のイメージを考える。 ・「淋しい」「せつなげ」に込められた心情を考える。 ・父の言葉は僕のどの言葉に応じたものか、確認する。 ・父がなぜ無言だったのか考える。 ・なぜ父が蜉蝣の話をしたのか考え、各自ノートにまとめる。 ・数名の発表を聞き、メモをとる。	・連に注意して音読、情景を想像するよう指示してから指名する。 ・父が話し始めた意図には触れない。 ・卵もやがて同様の死を迎え、生死が繰り返されることに気づかせる。 ・「ほっそりした」「胸」など、共通するイメージをおさえさせる。 ・「光りの粒々」「白い僕の肉体」と一連の「白い女」「寺」などに注目させる。 ・「せつなげ」の意味を辞典で確認させる。 ・前連の父の「驚き」を手がかりに考えさせる。 ・「そんな事がひどく気になった頃」とはいつか、父の話の締めくくりと対応させて考えさせる。 ・机間指導。

		3．僕が父の話をどのように受けとめたか、考える。	・詩の部分を各自音読する。	・詩のイメージ、連の区切り、速さに注意して読むように指示する。
展開(2)		①当時の僕がどのように受けとめたか読み取る。	・「少年の思い」からを指名音読。 ・「痛みのように切なく」に込められた心情を考え、ノートにまとめる。 ・今の「僕」について分かる部分を探し、当時の「僕」と比較する。	・前の活動を生かして読ませるとともに、「僕」の心情を考える手がかりを探しながら聞くよう指示しておく。
		②今の「僕」と当時の「僕」を比較して、詩に込められた思いを考える。	・ノートに書いた意見をもとに考え、発表する。	・変わった点、変わらない点の両方から考えさせる。 ・できるだけ自由に多くの意見が出るよう、考える時間等配慮する。
整理	10分	本時のまとめと次時の予告	・詩について考えたことを想起しながら、一斉音読。 ・次時の予告を聞く。	・読むのが軌道に乗るにつれて、指導者の声を小さくする。早くならないように留意する。 ・次時は、茨木のり子がこの詩について述べている内容について考えることを告げる。

9　本時の板書計画

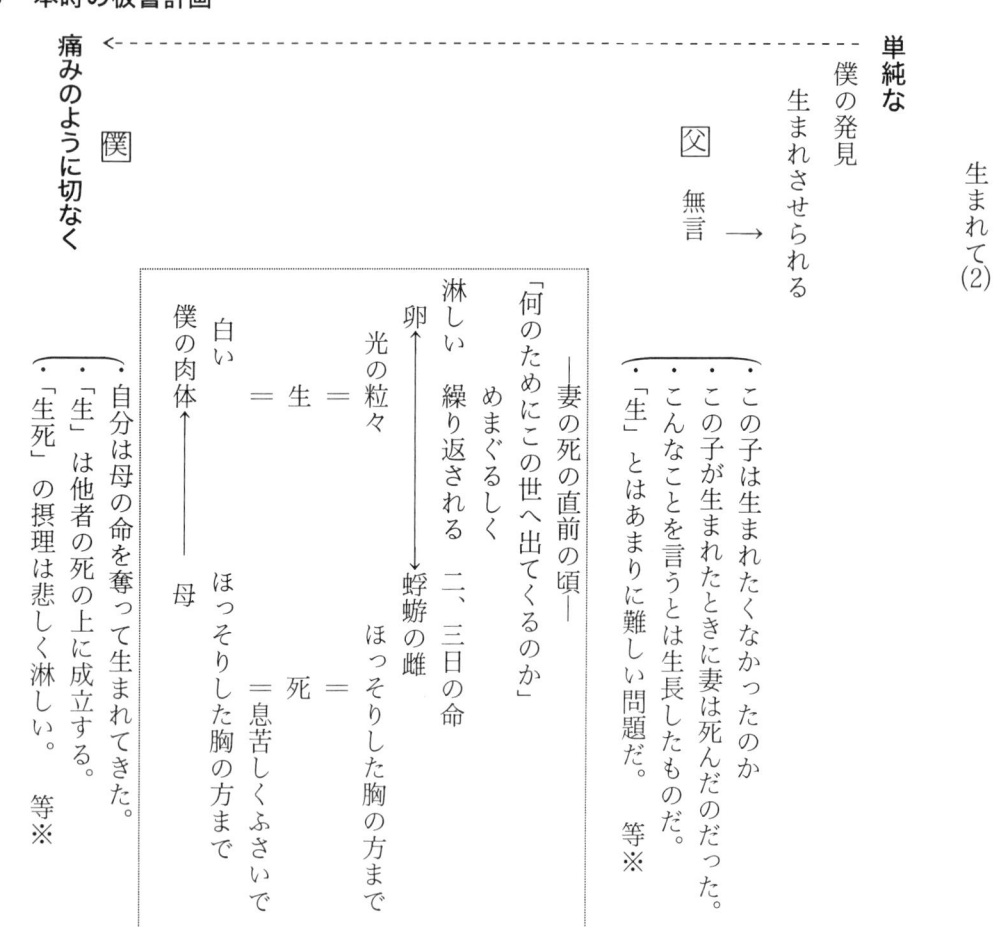

（板書計画図）

右側（縦書き）：
生まれて(2)

単純な
僕の発見
生まれさせられる

父　無言　→

・この子は生まれたくなかったのか
・この子が生まれたときに妻は死んだのだった。
・こんなことを言うとは生長したものだ。
・「生」とはあまりに難しい問題だ。
等※

左側（縦書き）：
痛みのように切なく　←------

僕

―妻の死の直前の頃―
「何のためにこの世へ出てくるのか」
めまぐるしく　繰り返される　二、三日の命
淋しい
卵　↔　蜉蝣の雌
白い　　　ほっそりした
光の粒々　　胸の方まで

＝生＝　　　　　　＝死＝

僕の肉体　↔　母
　　　　　　ほっそりした胸の方まで
　　　　　　＝息苦しくふさいで

・自分は母の命を奪って生まれてきた。
・「生」は他者の死の上に成立する。
・「生死」の摂理は悲しく淋しい。
等※

※の部分は、できるだけ生徒の意見を多く取り上げ、発言を生かすようにする。ただし、意見が不十分な場合には、視点を与えてふくらませるようにする。

10 学習の評価

① 文章の構成、語句の意味、用法や表現技法などを理解することができたか。

② 父子のそれぞれの思いについて、考えることができたか。

③ 詩をイメージ豊かに思い描きながら、それを生かして読むことができたか。

④ 自分自身の意見を持ち、自分の言葉でノートにまとめることができたか。友人の発言のポイントをメモし、自分が考えるヒントとして生かすことができたか。

2　留意してほしいこと

1　作品をしっかりと読み込み、主題、表現など、多方面から教材研究を行って、学習者の実態に即した授業の柱を立てる。

2　漫然と文章を前から読むのではなく、作品の構造を把握したうえで授業の柱が明確になるように展開、発問、板書を一体のものとして工夫する。

3　単調にならぬよう学習活動に変化をもたせ、生徒全員が活動する場面を設定する。

4　主体的な活動のために、幅広く考えられる課題を設定するとともに、生徒自身が自分の言葉で表現し、意見交換できる場を工夫する。

(岡本恵子)

第12章　高等学校の学習指導案　②地理科学習指導案の例

1　学習指導案の基本的構成

地理科学習指導案

指　導　教　諭　　○○　○○印
教育実習生　　　○○　○○印

1　日　　時　2003年5月29日（木曜日）第3時限
2　対　　象　第2学年C組（男子20名、女子19名　合計39名）
3　単元名　諸地域から見た地球的課題――環境問題
4　主題名　環境問題の発生と取り組みを考える
5　資料名　『京都議定書』『国連IPCC報告書』
6　単元の目標

　環境問題は地球的規模で発生しており、国際協力の下での対応が求められるが、地域によって現れ方や程度、背景などが異なっており、地域性に留意した上で地球的規模で考え、対応策も地域の環境条件を踏まえた上で行うことが重要であることを理解させ、そうした見方を身に付けさせる。

7　指導計画（全5時間）

　①　環境問題とは何か――生態系の理解 ……………………………………… 1時間
　②　主な環境問題の種類とそれらの原因などの体系的な理解 ……………… 1時間
　③　環境問題(1)――砂漠化について考える …………………………………… 1時間
　④　環境問題(2)――酸性雨について考える …………………………………… 1時間
　⑤　環境問題(3)――地球温暖化について考える ……………………………… 1時間（本時）

8　本時の目標

　地球温暖化の原因や被害が各地域によって異なる現れ方をしていることに気づかせるために、緊迫した被害に直面している地域・国を取り上げ、まずはそうした現状や各国の個別性をしっかりと理解することが必要である。

　次に、解決への取り組みにおいては、①国際協力の下でどのように方向性が出されているのかを把握するとともに、②各国の主張に違いがないかどうか、国による姿勢や対応策はどうか、というように分析的に考察する姿勢を持たせるように指導することも大切な視

点として取り組む機会とする。

9 本時の学習活動・指導展開

	時間	学習内容	学習活動	指導上の留意点
導入	5分	1 地球温暖化の影響と原因	1 ツバルとモンゴルで問題視されている温暖化の影響を検討する。 2 温室効果ガスの増加を確認し、CO_2削減に向かう国際世論を知る。	1 海洋国と内陸国の特徴に着目させる。
展開	30分	1 京都議定書の採択 2 京都議定書の具現化と各国の対応 3 国益と人類益の比較検討	(1) 地球サミットの気候変動枠組条約から京都議定書採択に至る国際的取り組みの経緯を確認する。 (2) 1 アメリカ合衆国が批准しない理由を考え、立場を整理する。 2 日本とEUの主張を整理する。 3 日本政府が出したSO_2排出量削減対策推進大綱の意義を検討する。 (3) アメリカ合衆国の主張と日本やEUの主張を通して国益と人類益の関係を討論する。	(1) COP(締結国会議)など諸会議の動きを紹介して具体化に留意させる。 2 譲歩し合う面も着目させる。 3 日常生活と関連づけて考えるように配慮させる。 (3) 友人の意見を聞く態度を身につけさせる。
終結	5分	まとめ	自分の意見をまとめてレポートを作成するように指示し、宿題とする。	理由づけをして意見を述べることに配慮する。

2 留意してほしいこと

1 取り上げる国や地域を明白にして、地図帳などで確認するような対応を指示することが、空間的に自然環境や社会環境から諸要因を捉える手法として有効となる。
2 地理では地域的特色を捉える方法として他地域との比較関連が効果的であるから、他地域・他国との対比場面を盛り込むように工夫する。
3 上記案には含めなかったが、地理の性格上、白地図を用いて学習内容を記入させる方法は知識を定着させて理解を深めることにつながり、活用してほしい方法である。
4 教科の特質として、見方・考え方を培うことは自分の意見・態度を養うことであるが、いたずらに討議に走ることなく、基礎・基本をしっかり身に付けさせる授業が望まれる。
5 概して、参考資料・プリント類を用意しすぎる傾向にあるが、1時間で使う資料は2～3に留めるのがよい。

引用・参考文献
(1) 桜井明久『地理教育学入門』古今書院、1999年。
(2) 環境省『環境白書 平成14年版』ぎょうせい、2002年。
(3) 環境法政策学会編『温暖化対策へのアプローチ』商事法務、2002年。
(4) 電力中央研究所『地球環境 2002-3』エネルギーフォーラム、2002年。

(湯浅清治)

第12章　高等学校の学習指導案　③理科(生物)学習指導案の例

1　学習指導案の基本的構成

理科(生物)学習指導案

指　導　教　諭　　　○○　○○印
教 育 実 習 生　　　○○　○○印

1　**日　時**　2002年9月24日(水曜日)第2時限

2　**対　象**　第2学年3組(男子20名、女子20名　合計40名)

3　**単元名**　シダ類の生活

4　**本時の主題**　シダ類の前葉体と生活環

5　**指導計画(全3時間)**

① シダ類の種類と体のつくり ………………………………………………… 1時間

② 胞子のう、胞子の観察 ……………………………………………………… 1時間

③ 前葉体の観察とシダ類の生活環 ………………………………………… 1時間(本時)

6　**本時の指導目標**

① 前葉体の形状に興味をもたせ、その役割について関心を高める。

② 前葉体の観察を通し、顕微鏡を操作する技能を養う。

③ 前葉体で卵と精子が作られ、受精し、受精卵から若いシダが発芽していくことを理解させる。

④ 観察事実や知識をもとにシダ類の生活環を科学的に考察する態度を養う。

7　**準備物**

シダの前葉体(10)、シダの胞子体(10)、シャーレ(20)、

ピンセット(40)、　スライドガラス(40)、カバーガラス(40)、

スライド・プロジェクター、スライド、　顕微鏡(40)、

顕微鏡投影装置、模造紙、プリント(40)、教科書「生物」(○○社)

8 本時の学習指導過程

	時間	学習内容	学習活動・指導過程	指導上の留意点
導入	5分	・前葉体の提示	・前葉体を見せて、何のなかまか発問する。 ・前葉体を採取した場所を見せる。 ・ベニシダの前葉体であることを伝え、特徴を発表させる。 ・形・大きさ・各部の名称を板書する。	・シャーレを配る。 ・スライド・プロジェクターを使う。 ・肉眼で観察させる。
展開	25分	・前葉体の比較 ・前葉体の顕微鏡観察	・若いシダが生えている前葉体を最初の前葉体と比較させ、違いを発表させる。 ・発表を通し、前葉体から若いシダが生え、普通に見るシダの本体に育っていくことを導く。 ・この前葉体の中で若いシダが生えている位置を確認させ、最初の前葉体において、同じ位置に若いシダが育つもとになるものがないか探させる。 ・造卵器を顕微鏡投影装置でモニターに映す。	・若いシダが生えている前葉体のシャーレを各机に配る。 ・両者の共通点にも気づかせる。 ・顕微鏡観察をさせる。 ・個別指導をする。 ・裏面に着目させる。
終結	15分	・前葉体の役割 ・シダの生活環	・前葉体に造卵器と造精器ができ、精子が造卵器にできる卵と受精し受精卵ができ、受精卵から若いシダができることを説明する。 ・前葉体において造卵器、造精器ができる位置とそれぞれの形を板書する。 ・何から前葉体ができるのかを発問し、前時に学習した胞子から成長することに気づかせる。 ・シダの生活環模造紙に書いたものを張り、シダの生活環をまとめる。	・造精器と精子をスライド・プロジェクターで映す。 ・プリントを配布する。

2　留意してほしいこと

1　本時の指導目標は、学習指導要領理科の目標に沿ってさまざまな観点から立てる。
2　準備物は観察・実験の授業の場合、とくに綿密に書く。
3　学習指導過程の学習活動・指導過程の欄では、どうすればわかりやすい授業になるかを考えながら構成を考え、要点について授業の流れがよくわかるように書く。必要により図なども記入する。
4　学習指導過程の指導上の留意点の欄には、配慮、注意すべき指導内容や学習の深さについて書く。
5　場合により、板書計画や学習指導細案も書く。

(白神聖也)

第12章　高等学校の学習指導案 ④芸術科書道Ⅰ学習指導案の例

1　学習指導案の基本的構成

芸術科書道Ⅰ学習指導案

指　導　教　諭　　○○　○○印
教育実習生　　○○　○○印

1　日　　時　2003年5月15日(木)　第4時限
2　対　　象　第1学年B組(男子18名、女子19名　計37名)
3　単元名　明快に書く──高野切第三種を用いて
4　指導の立場
　①　教材観　高野切は古今集の写本で、第三種は端正で優美な古典である。散らし書きは仮名独特のまとめ方で「余情の美」を学べる教材である。
　②　生徒観　1、2学期に楷書、行書、篆刻(てんこく)、硬筆による漢字仮名まじりの書を学び、仮名の学習を深めてきた。小筆にも慣れ、墨磨りもよくなった。このクラスは真摯に取り組む姿勢を持つ。
　③　指導観　伝統の美にふれ、明快な用筆や、散らし書きという仮名独自の構成法を身につけてほしい。自由な発想力を育てるとともに、集団と個についてもふれてみたい。
5　指導目標　制作を通して仮名の美の、流麗の美(つながり)、余情の美(余白)、至簡の美(簡略化)を理解し、その表現力を身につける。伝統文化にふれ書を愛好する心情を養う。
6　指導計画　「優美に書く」
　　1　仮名の成立 ………………………………………………… 1時間
　　2　仮名の線 …………………………………………………… 1時間
　　3　いろは48字 ………………………………………………… 3時間
　　4　連綿(つながり) …………………………………………… 1時間
　　5　明快に書く　高野切第三種 ……………………………… 3時間
　　　　　　　　　　　　　　　○ よみと書き方──前時
　　　　　　　　　　　　　　　○ ちらし書き──本時
　　　　　　　　　　　　　　　○ 料紙に書く──次時

7　本時の目標　①　すっきりした線で書く
　　　　　　　②　ちらし書きの方法を学び、自由な構成法を身につける
　　　　　　　③　つながり(連綿)を生かす
　　　　　　　※　題目　作品のまとめ方を学ぶ——散らし書き

8　本時の学習・指導過程

	時間	学習内容	学習活動	教師の支援	評価の観点
	-5分	意欲の高揚	学習の準備をする。前時の作品を見る。	前時の作品、用紙、プリントを配る。	意欲・関心・態度
導入	5分	流麗の美余情の美	墨をする。話を聞く。	前時の評価をする。席替えの話をする。	関心・意欲・「驚き」
展開1	15分	散らし書きとは	説明を聞く。構想を練る。短冊状のものを並べる。半紙に貼る。(オリジナル手本)	プリントを用い簡明に説明し、黒板に手順を示す。※和歌一首を短冊状に4行に切ったものを配る。	関心・意欲表現の工夫芸術的な感受「驚き」
展開2	25分	表現力を高める。○作品のまとめ方○すっきりした線○線のつながり	オリジナル手本を見て揮毫する。	個別に机間指導する。　名前の位置、大きさ　連綿は一筆で　筆の持ち方	表現の技法
終結	5分	自己教育力を高める。	評価表に記入する。	目標にあった作品を選ぶように促す。次時は料紙に書くことを告げる。	関心・意欲・鑑賞

2　留意してほしいこと——こうすれば書ける

1　指導案は授業をするための計画書です。まず何を使って(教材)、何のために(目標)学習するのかを考えます。
2　ねらい＝評価、○○する(活動)、どのように(指導、支援)を明らかにしていきます。
3　本時案作成には、別府大学荒金大琳教授の発案の円形指導案をお勧めします。限られた50分を活用するため、アナログ時計の中に、時間の経過に沿った教師の指導・支援を書き込みます。 資料A
4　同様に自己評価表には生徒の活動を示し、生徒自身が時間の経緯に従い判断した評価を記入していきます。授業終了後、生徒の学習評価をする際利用でき、教師の授業評価にも役立ちます。 資料B
5　全体の流れがはっきりしたら方形指導案に臨みます。また評価の観点に[驚き]を提案します。芸術の本質は[はっとして][うなずく]という「驚き」「共感」にあるからです。

3　資料——円形指導案を活用する

資料A …教師用

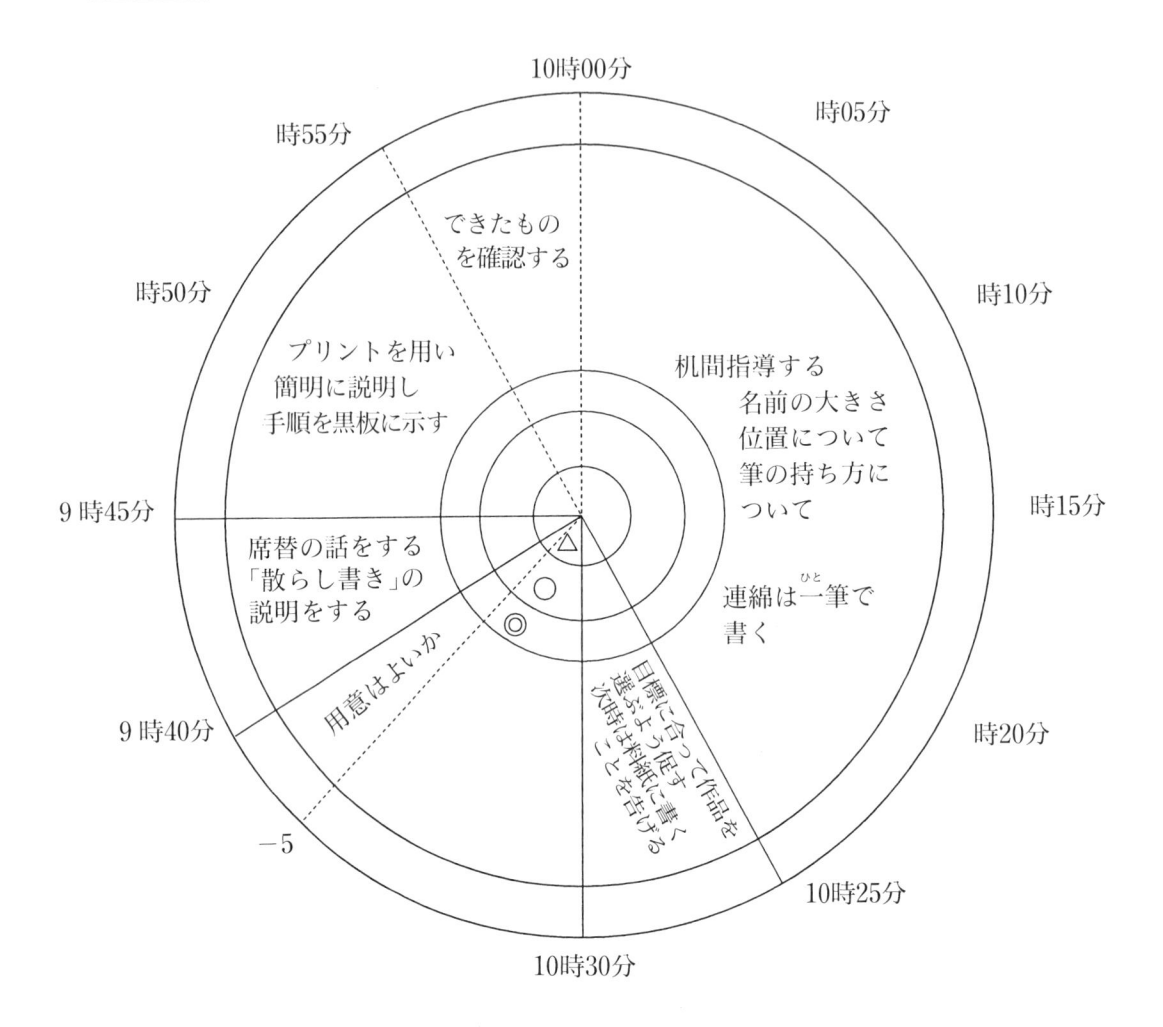

円形指導案の図：
- 10時00分／時05分／時10分／時15分／時20分／10時25分／10時30分
- 9時40分／9時45分／時50分／時55分

扇形の記入内容：
- できたものを確認する
- 机間指導する　名前の大きさ　位置について　筆の持ち方について
- 連綿は一筆で書く
- 目標に合って作品を選ぶよう促す　次時は半紙に書くことを告げる
- プリントを用い簡明に説明し手順を黒板に示す
- 席替の話をする「散らし書き」の説明をする
- 用意はよいか
- −5

中心付近に評価記号：△　○　◎

●円形指導案の記入の仕方●

1　校時に合わせ時刻を記入します。
2　教師の指導、支援事項を記入します。
3　時間配分を区切ります。
4　資料Bの評価は区切ごとに◎、○、△を記入します。

資料B …生徒用自己評価表

ちらし書きをした感想

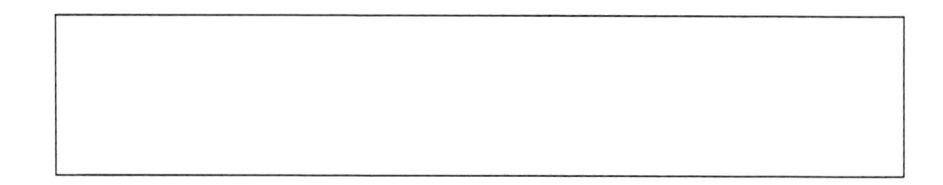

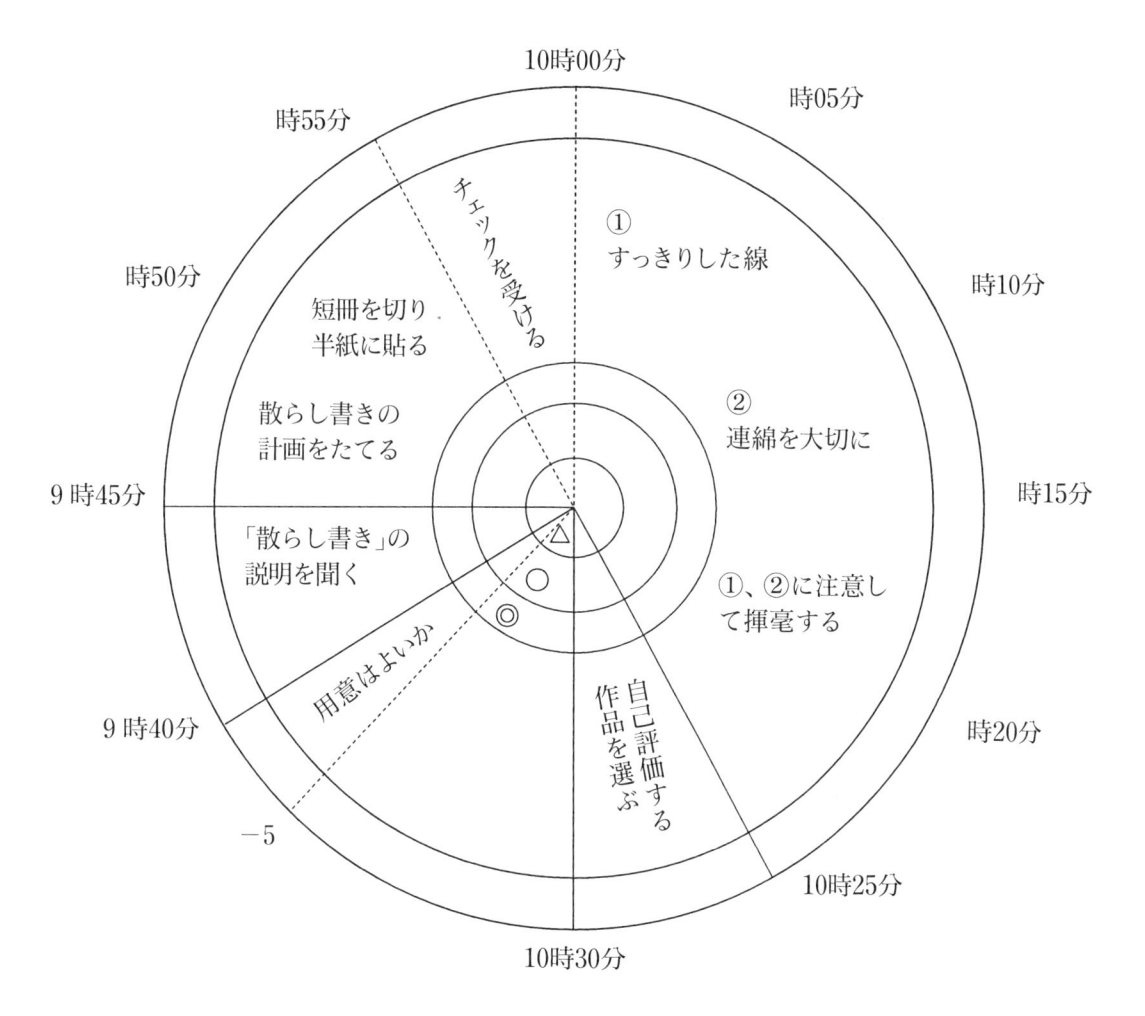

[　　　　　　　　　　　　　　]

```
                    10時00分
        時55分                  時05分

              チェックを受ける
                          ①
                       すっきりした線
        時50分                           時10分
           短冊を切り
           半紙に貼る
           散らし書きの           ②
           の計画をたてる        連綿を大切に
9時45分                                   時15分
          「散らし書き」の       ①、②に注意し
           説明を聞く           て揮毫する
                        ◎
                    用意はよいか    自
                                 己 作
                                 評 品
                                 価 を
9時40分                           す 選       時20分
                                 る ぶ
              －5
                                      10時25分
                    10時30分
```

（高橋純治）

第12章　高等学校の学習指導案　⑤福祉科学習指導案の例

1　学習指導案の基本的構成

福祉科学習指導案

指 導 教 諭　　○○ ○○印
教育実習生　　○○ ○○印

1　日　　時　2003年5月15日（木曜日）第3・4時限
2　対　　象　第1学年C組（男子18名、女子19名　計37名）
3　単元名　食事の援助
4　主題名　食事介助の実際
5　資料名　『社会福祉実習1』（中央法規）、『絵でみる介護』（福祉教育カレッジ）
6　単元の目標

　①　教材観

　われわれにとって、栄養のバランスのとれた食事や規則正しい生活は健康で生き生きと暮らすための重要な要素である。しかし、老化や障害からくる身体各部の機能低下や精神的・社会的・環境的変化により、自分で食事がうまくとれなくなることがある。そのため楽しく安全な食事を援助することは、介護従事者として求められる重要な技術の一つである。

　②　生徒観

　福祉科1年生は、ほとんどの生徒が、将来、福祉の職業に就くことを目標として、意欲的に福祉の専門科目に取り組んでいる。そして、少しずつではあるが、福祉の知識や技術を身に付けてきている。2年次の6月には、初めての施設実習で介護の現場体験をする。それまでには、さらに専門的な技術の基礎・基本を十分、身につけたいと考えている。

　③　指導観

　指導にあたっては、すべての介護技術が、利用者にとって安全なものでなければならないということを理解させるとともに、技術は、利用者一人ひとりの状況に応じた適切なものでなければならないが、根底には、一定の原理原則を踏まえた基本の形があること、それを習得した上での技術の応用が必要であることを理解させたい。

7　指導計画

　①　食事か援助の基本姿勢 …………………………………………………………… 2時間
　②　食事会語の実際 …………………………………………………………………… 2時間（本時）

8 本時の目標

安全な食事介助の方法を理解させる。

9 準備するもの

- 食膳(プリン、おかゆ、お茶、スプーン、楽のみ、盆、コップ)
- おしぼり、オーバーテーブル、エプロン
- 口腔を清潔にするための用品一式

10 本時の学習・指導過程

	時間	学習内容	学習活動・指導過程	指導上の留意点
導入	5分	1 本時の学習内容を知る。	・前時の授業内容を確認し、安全な食事介助の方法を習得することを説明する。	
展開	80分	2 食事介助の手順を理解する。 3 必要物品を準備する。 4 実習を行う。 5 片づけをする。 6 2人で話し合いながらプリントをまとめる。 7 まとめについて代表者が板書し、発表する。 8 デモンストレーションを行い、安全な食事介助の方法を確認する。	・最も安全な食事介助の方法を理解させるために、4種類の姿勢と3種類の食物を用いて実習を行うことを説明する。 ・2人一組で準備させる。ベッドを利用させる。 ・プリントを利用し、メモをしながら実習をさせる。 ・必ず、利用者と介護者を経験させる。 ・2人一組で片づけをさせる。 ・2人で話し合いながらプリントをまとめさせる。 ・板書をさせ、発表させる。より安全な食事介助の方法を理解させる。 ・生徒の代表者にデモンストレーションをさせる。	・プリントを配布する。 ・実習のポイントは理解できたか。 ・意欲的に取り組んでいるか。 ・話し合いができているか。 ・安全な方法が理解できたか。
終結	15分	9 本時のまとめをする。 10 次時の予告を聞く。	・プリントに感想を書かせる。 ・次時の予告をする。	

---

2 留意してほしいこと

1 施設実習やボランティア経験などと結び付けるなどしながら、目標をきちんと生徒に把握させることによって、意欲的に学習に取り組めるよう工夫する。
2 必要物品の確認は事前に必ず行う。特に食品を扱う場合は食中毒等にも気をつける。
3 食事の介助は、ボランティアなどですでに経験している生徒も多く、簡単にできるような錯覚をもっている。しかし、食事は、生命にかかわる重要な営みだということをおさえ、誤嚥にも十分注意する。
4 グループ分けは、対象生徒の状況を十分把握し、行う。

(南富美子)

第5部
あるべき教師像とは

第13章　あるべき教師とは

第1節　教育実習生の意識と立場をふりかえる

1　教育実習についての意識と「理想の教師」

　現代は、教師になることがきわめて困難な時代である。その理由は第一に、近年の児童・生徒の小、中、高等学校における在学数の減少にもともなう教員採用予定者数の減少によって、教員採用試験に合格することが非常に困難になっているからである。そして第二に、今日、児童・生徒の指導に関するさまざまな問題が山積しており、児童・生徒を指導し教育すること自体がまた困難になってきているからである。したがって、教師をめざしてこれから教育実習を行おうとする人は、こうした二重の困難を予想し、それを克服するための学習と努力を怠ってはならない。

　ところでそうした状況下で、今日、教育実習生はどのような意識をもって教育実習に臨んでいるのだろうか。そこではたとえば、教師にはなりたいが教師になるのはたいへん困難なので、せめて教育実習だけを経験しておきたいという消極的な意識をもって教育実習に臨んでいる場合がある。あるいは、教員の免許状を取得するためにとにかく教育実習をしておきたいといった、資格取得をもっぱら目的とするような意識をもって教育実習に臨んでいる場合もある。あるいはまた、教育実習という科目は大学の履修科目なのだから、教育実習を行うのは当然の権利であるといった意識をもって教育実習に臨んでいる場合もある。しかしまた一方では、どうしても教師になりたいし子どもを教育するのが好きだから、すばらしい教育実習を行いたい、といったような積極的な意識をもって教育実習に臨んでいる場合もある。今日の教育実習生の意識はさまざまに分化しているといわざるをえないし、そこにまた、今日の大学における教育実習指導の重要な課題もある。

　ところで、教育実習についてさまざまな意識をもつ教育実習生は、どのような教師を理想の教師だと考えているのだろうか。北九州市立大学で2002年度に行った「理想の教師」についてのアンケート調査では、理想の教師とは「生徒の悩みや気持ちを理解してあげる教師」(25.9％)であり、「教科指導がきちんとできる教師」(25.1％)であるという意見がきわだっており、それらが理想の教師像の約半数を占めている。そしてその他の理想の教師像と

しては、「性格がよい、明るい、ユーモアがある、元気がある、感情的にならないなどの人間性が豊かな教師」(12.9％)とか、「子どもと対等に接する兄弟、姉妹、友達のような教師」(8.3％)とか、「対話したり、コミュニケーションすることを大切にする教師」(8.3％)などがある。一方、「道徳的な善悪の判断ができる教師」(2.2％)や「熱意のある教師」(1.5％)などを理想の教師と考える意見は、少数意見となっている。

このアンケート調査は、現代の教育実習生の理想の教師像を端的に示している。教育実習を行おうとする現代の教育実習生にとっての理想の教師とは、「学習指導」がしっかりとできる人であり、そしてまた何よりも「子どもの内面の理解」をすることができる人であり、さらに「性格」がよかったり子どもと「対等」に接する人なのである。そして、それこそがまた理想の教育実習生像なのである。だから、今日の教育実習生は、学習指導に大きな責任を感じているし、また児童・生徒に対する配慮においてきわめて繊細な感覚をもっているのである。このような教育実習生の意識は、それ自体としては正当なものであり尊いものである。しかしまたそれは、教師の資質と役割の一側面だけをとらえたものでもある。

2　教師の立場に立って

教育実習生が学ぶべき教師の資質と役割とはどのようなものなのか。それは第一に、教育実習に対する教師の法的な義務規定から理解することができる。「教育職員に対し時間外勤務を命ずる場合に関する規定」〔1971(昭和46)年7月5日文部省訓令第28号〕では、義務教育諸学校等の教育職員は、「学生の教育実習の指導に関する業務」などに従事する場合で、それが臨時的にまたは緊急にやむをえない必要がある場合に限り、時間外勤務に従事することが命ぜられるとされている。このことから教師は、正規の勤務時間内において、そして場合によれば勤務時間外であっても、学校行事や職員会議などの業務と同様に、教育実習生の指導に従事しなければならないということになる。

教師は、教育実習生を指導するということにおいてもその責務があり、その結果として、教育実習生の指導においても教師としての資質と役割が問われるということになるのである。ただしそれは、教育実習を行う教育実習生の権利を無条件に保障するということを意味するものではない。この規定の趣旨は、すぐれた後進を育てるために、教師がその業務の一環として教育実習生を指導しなければならないというものであるはずであり、したがって当然のこととして、誰でも、どのように態度や振る舞いの悪い教育実習生であっても、その教育実習を無条件に保障しなければならないというものではない。教育実習生が教職をめざし真摯に教育実習に取り組むとき、そうした教育実習生を指導するということが教

師の業務となってくるということであり、教育実習生としては、このような教師の業務の広さと社会的な立場とを十分に理解して、それに応えなければならないのである。

さらに、教師の資質と役割とは何かということは、二通りの視点から考えることができる。すなわち、「一つは、教員の人間的資質にウェイトをおくもので、一般的にいって包括的で情的である。いま一つは、職業的・技術的特性にウェイトをおくもので分析的である」と考えることができるのである。前者は、いわば人格的、性格的な視点から、後者はいわば技能的、職能的な視点から行われる教師の資質と役割の考察である。

これらのことから、教育実習生は、教師の愛情や意欲や使命感などにおいて、教師としての人間的な資質と役割を学ばなければならないし、さらにまた、教師の指導性やさまざまな指導技術なども学ばなければならないということができる。

第2節　教師の資質と役割をどこで学ぶか

1　「すべての活動」において

教育実習生は、当然の帰結として、教育実習のすべての活動において教師の資質と役割を学ばなければならない。教育実習生は、教科指導や生徒指導における特定の指導においてだけではなく、教育実習校におけるあらゆる活動、つまり教科指導、教科外指導、実習校の校務に関する活動、教職員および児童・生徒との人間的、教育的な関わりなど、教育実習のすべての活動においてそれを学ばなければならないのである。具体的には、**表1**のような諸活動においてである。

こうした活動は、それぞれが重要なものである。たとえば、事務的な手続きやその処理

表1　教育実習で体験する諸活動領域とその内容

活動領域	内容
①　教科指導における活動	教材研究、学習指導案の作成、学習指導、記録やレポートの作成など
②　教科外指導における活動	特別活動の指導、道徳の時間や総合的な学習の時間の指導など
③　教育実習校における校務に関する活動	学校運営や学級運営における活動、事務的な手続きやその処理など
④　教職員や他の実習生との人間的な関わり	教職員や他の実習生との連絡、挨拶、交流など
⑤　児童・生徒との人間的、教育的な関わり	児童・生徒とのコミュニケーシュン、関わりなど
⑥　教育実習期間中の生活全体における活動	睡眠や食事での健康管理、身なり、服装の整え方など

などは、教育実習生にとっては、日頃あまり注意が払われていなかったり、軽視されることでもあったりする。しかしそれらも、単なる機械的で無意味な活動なのではなく、教師の教育活動を支える不可欠な活動なのであり、教育実習生が十分にその処理能力を習得しなければならない活動なのである。したがって、こうした活動のすべてに対して十分に注意を払い、熱心にそれに取り組むかどうかということが教育実習生に問われるのである。

2 「生身の人間関係」から

　教育実習生は、教育実習に関わるすべての活動においてその資質と役割が問われる。しかし、そのなかでもとくに注意しなければならないのは、教育実習において出会うさまざまな人たち、すなわち教職員や他の実習生、児童・生徒などとの人間的、教育的な関わり方における教育実習生としての資質と役割である。

　教育実習生は、理想の教師とは教科指導を適切に行うことができる教師であるという意識を強くもっている。またその結果として、教育実習生は、教育実習において教科指導にベストを尽くさなければならないという確信を強くもっている。教科指導の重要性はいうまでもないことであり、その意味ではそうした教育実習生の考え方は十分に正当なものである。しかし、そこで注意しなければならないことは、そうした考え方の帰結として、「教育実習＝教科指導」という一面的な価値観を形成したり、教育実習に関するその他の事項に対する問題意識を後退させてしまってはならないということである。とくに、児童・生徒や他の人々との関わり方に関する問題意識をなくしてはならないということなのである。

　教育実習校から教育実習生に対してしばしば出される主要な要望として、児童・生徒や教職員に対して、積極的に元気に謙虚に関わってほしいといった、人間的な関わり方に関する要望がある。教育実習は、児童・生徒や教職員との「生身の人間関係」において生起している。だから、そのことをしっかりと心にとめて、教育実習に臨まなければならないのである。

第3節　望ましい「教育的関係」のつくり方

1 「教育的関係」とは

　教育実習生に求められる人間関係に関する資質と役割のなかで、とくに児童・生徒との関わり方、つまり「教育的関係」に関するものはとくに配慮が必要である。今日の教育実習生は、児童・生徒の内面を十分に理解し、友だちのように関わり、援助してくれる教師こ

そ理想の教師であるとし、またそのような教師と児童・生徒との教育的関係に対して非常に敏感である。それは今日の教育実習生のすぐれた特質でもあるが、しかしそこにこそ、今日の教育実習生の重大な課題も存在する。彼らはそのような理想的な教育的関係をつくることを尊重するが、同時にそのことに大きな困難も感じるために、逆に教育的関係に対して消極的で閉鎖的な態度をとることもよくあるからである。教育実習を終えた教育実習生に、教育実習で最も困難を感じたことは何かとたずねると、学習指導と教育的関係のつくり方に関することであったと答えることが意外と多いのである。

　それでは、教育実習生は、どのようにして望ましい教育的関係を作ることができるのだろうか。一般的に、子どもに好かれる教師と嫌われる教師とは、次のような特徴をもつ教師であるとされる。まず、「子どもに好かれる教師」とは、①休み時間、放課後などに一緒に遊んでくれる教師、②「がんばろうね」「もうすこしだ」などと励ましの言葉をかけてくれる教師、③日記や作文を読んで、必ず感想をいったり書いたりしてくれる教師、④間違いや失敗をしてもすぐに叱らず、いい分をまず聞いてくれる教師、⑤自分のよい点をたくさん評価してくれる教師、⑥差別をしないで、公平に接してくれる教師、などである。逆に、「子どもに嫌われる教師」とは、①おこりっぽくて短気な教師、②宿題をいっぱい出す教師、③休み時間も勉強する教師、④きまりをいっぱいきめる教師、⑤相談相手になってくれない教師、⑥いつも同じ服を着てて不潔な教師、などである。ここには、望ましい教師にとって必要な要件が示されている。つまり、子どもへの「愛」があるかどうかということであり、また子どもに正しく「要求」しているかどうかということであり、子どもと「共働」しているかどうかということであり、教師としての望ましい「性格」が備わっているかどうかということなどである。そしてここには、教育的関係の基本的な構成要素が暗示されているのである。では、その構成要素とはどのようなものなのか。

2　「教育的関係」の構成要素

　従来、教育的関係とは「愛」と「権威」をもってとり結ばれる関係であるといわれてきたが、それらはどのようなものであったのか。

　教育的関係を構成する「愛」には二通りのものが考えられる。一つは、子どもの状態や行為を「受け入れる」ことで示される愛であり、その受け入れ方によって、それはさらに三つのレベルに分けられるものである。第一は、子どもの状態や行為を全面的、無条件に受け入れる「受容」としての愛である。子どもがいかなる状況であっても、そのすべてをそのままに受け入れる愛である。第二は、子どもの状態や行為のすべてを許して受け入れること

はできないが、しかし、そのどこかを部分的に受け入れる「許容」としての愛である。第三は、子どもの状態や行為を受け入れることはもちろん、許すことも、部分的に受け入れることさえもできないが、それを事実として、その存在を「認める」という意味での愛である。教育的関係は、このように受け入れ方のレベルがさまざまに異なる子どもへの愛によって構成されるのである。

　教育的関係におけるもう一つの愛は、「要求する」ことで示される愛である。これは、子どもの現在の状態やレベルを基礎にして、次にすべきことを要求するという愛であり、受け入れる愛がいわば「消極的な愛」だとすれば、それとは対照的ないわば「積極的な愛」である。今日の教育実習生は、子どもの内面や気持ちを受けとめ理解することの必要性を強く自覚しているため、受け入れるという愛は表現しやすいが、逆に、必要な行為や状態を子どもに要求するという愛については、その扱いを苦手とするのである。しかし、教育的関係とは、対照的なこの二つの愛があってこそはじめて教育的に成立するものであるということを理解しなければならない。

　ところで、子どもへの要求とは、教師の子どもへの「願い」であるが、それは教師の偏った思い込みや特殊的なものであってはならず、正当で普遍的な願いでなければならない。だから、そのような願いを具体化することが教育実習生の課題となる。教育実習において、教育実習生は、児童・生徒への要求を明確化し、さらにそれをどのようにして児童・生徒に伝えることができるかということを考察しなければならないのである。

　一方、教育的関係における「権威」とはどのようなものなのか。現代は、あらゆる権威が地に落ちた時代だともいわれ、社会におけるあらゆる権威とともに教師の権威も喪失したとされることがある。しかし、教育的関係においては、正しい意味においてその権威が成立していなければならないのである。

　教育的関係において権威が必要であるのは、何よりもそれが指導の前提であるからである。子どもは、教師が尊敬と学びに値する価値をもっていると思うときに教師に権威を感じ、その結果として教師の指導に対して従順になり、その指導を受け入れると考えられるからである。逆に、そうした権威を感じることのない場合には、子どもは教師の指導を受け入れないのである。

　ところで、教育的関係において、教師の提示する権威と子どもが抱いている権威とが対峙し、子どもから批判と疑問が生じるとき、そこでの権威に対する教師の態度が問題となる。したがって教育実習においても、教育実習生が、子どもによりレベルの高い権威を提

示することができるかどうか、その意味を説明することができるかどうかということが重要なのである。子どもは、その発達段階に応じて、たとえば、物理的、身体的、技術的、能力的、人格的、性格的、理念的、思想的なものなど、さまざまなものに権威を感じている。教育実習生には、教育実習の期間中に子どもが何に権威を感じているかということを敏感に察知し、より高いレベルの権威を指し示すことができるかどうかということが問われるのである。

第4節　「あるべき教師」になるためには

1　「あるべき教師」とは

　教育的関係は、その基本的な構成要素である愛と権威によって、さらに教師と子どもとが「共働」することによって成立する。この共働とは、教師と子どもとが親密な距離・間隔をたもち、力を合わせて活動したり、働いたり、生活したりすることを意味する。

　かつてペスタロッチ（Pestalozzi, J. H., 1746-1827）は、その著作『隠者の夕暮』において、「純粋の真理感覚は狭い範囲で形作られる。そして純粋の人間の知恵は、彼に最も近い関係の知識並びに彼に最も近い事柄を立派に処理する錬成された能力の確固たる基礎の上に立っている」、と指摘した。真の人間形成は、親密な人間関係、あるいは「狭い範囲」の人間関係、すなわち「生活接近」において行われるということなのである。

　このことから教育実習生は、教育実習の期間中に、児童・生徒にしっかりと話しかけたり、児童・生徒に関わったり、児童・生徒と何かを協力して達成することなどを心がけなければならない。それがまた今日の教育実習生にとってはたいへんやっかいなことなのであるが、しかし、そこにこそあるべき教師への道があるのである。掃除や給食の準備やその他のさまざまな学校生活の場面において、児童・生徒に話しかけたり関わったりすること、それこそが子どもに対する最大の人間形成の手がかりとなるのである。

　教育的関係はさらに、教師の「性格」に規定される。教師のあれこれの働きかけや指導によってではなく、教師の性格そのものによって教育的関係が成立すると考えられるのである。「大切なのは〈約束を守る〉ことそのことよりむしろ誠実な人であることであろう」ということが指摘されることがある。教育的関係や一般的な人間関係においては、たとえば「約束を守る」といった直接的行動が重要であることはいうまでもないことであるが、しかしまた、そうした行動ですべてが終結するのではなく、そこで心を尽くして取り組むという意

欲や態度こそが重要だということなのである。だから、教育実習生は教育実習においても、できるできないは別にして、誠意を尽くして意欲をもって精一杯に努力することが重要なのである。教育実習ではできないことや間違うことはたくさんあるが、しかしその際、教育実習にどのような気持ちで取り組んでいるかということが重要なのである。力をつくして取り組み、間違ったときには誠実に修正するといった真摯な態度こそが重要なのである。

2 「指導性」を高める

　あるべき教師の本質は、最終的には「指導性」、つまり児童・生徒を指導する力において問われる。教育実習生においては、たいていの場合、それは十分なものではない。しかし、だからといってそれでいいということではない。教育実習生は、その指導する力を教育実習期間中に教師から学び取らなければならないのである。だから教育実習においては、教師から指摘されたり教えられたことをどれだけ受けとめて改善したかということが重要なのである。失敗をした場合には、次の場面でその教訓をどれだけ活かしたかということなのである。失敗はしたけど徐々にうまくできるようになった、指摘を受けて悪いところを改善することができた、ということこそが重要なのである。

　さらに教師には、児童・生徒に対して、「わかりましたか」とか、「一生懸命やりなさい」とか、「何回いったらわかるの」などといった、それをいったら教師としては失格となる「教師の禁句」というものがある。しかし、そうした禁句をついことばに出してしまうのが、また教育実習生である。どうすれば児童・生徒が発表したくなるのか、取り組みたくなるのか、やる気を引き起こすのかということを学ぶこと、つまり児童・生徒を指導する力を学ばなければならない。その指導の方法を学び、自分にできるところから改善していくことが、今日の教育実習生に求められているのである。

引用・参考文献
(1)　鈴木勲『学校管理講座　3』第一法規、1984年。
(2)　教育思想史学会『教育思想事典』勁草書房、2001年。
(3)　長田新編『ペスタロッチー全集　第一巻』平凡社、1974年。
(4)　式部久『ヒューマニズムの倫理』勁草書房、1984年。
(5)　大村はま『新編　教室をいきいきと　1』ちくま学芸文庫、1994年。

(黒田耕司)

第14章　教師に求められる資質能力

　教師は、教師としての資質能力をそなえていなければ、児童・生徒や保護者、地域の人々、あるいは社会全体から信頼され、教師としての責任ある教育活動を行うことはできない。本章では、児童・生徒を指導する際の基本的な仕方を知っている、授業を作ることができる、児童・生徒との関係を作ることができる、という３点を教師の資質能力として述べ、最後に、そのような資質能力を身につけるために、これからどのような努力をしていけばよいのかを考えてみる。

第１節　指導法を知る

1　指導の形態

　まず、学校では、教師がどのような形で児童・生徒と関わっているのかを確認してみよう。

　学校での教育活動の対象は、複数の生徒である。そして、その複数の児童・生徒は、学年やクラスに分かれてある一定の集団を形成している。したがって、教師は、集団に対しての指導を行っているのである。しかし、集団にもさまざまな形がある。何らかの役割を分担している班があったり、授業においてグループを作ったりすることも多い。このような場合になされるのは、大きな集団からさらに小さな集団に分けて指導を行う、小集団に対しての指導である。しかし他方で、その集団を構成しているのは一人ひとりの個人である。教師は、一人ひとりに対して、声をかけて励ましたり、叱責したり、指示を与えたりする。このような形は、個人に対しての指導である。

　以上のような形を意識していないと、一部の児童・生徒のみに関わってしまったり、全体を意識するあまり個人的な指導がおろそかになったりしてしまうことになる。集団指導でも、それを構成している一人ひとりのことを忘れてはならないし、個別指導を行っているときでも、その児童・生徒が属する集団への影響を忘れてはならない。

2　授業での基本的な指導方法

　教師は、ただ漫然と状況に任せて児童・生徒と関わっているわけではなく、児童・生徒

に対して一定の方法を用いて指導を行っている。すでに述べた指導の形との関連も含めながら、授業での基本的な指導方法について確認しよう。

① **講義**：まず教育活動の方法として思いあたるのは、講義である。これは、伝統的な教授法として広く用いられていて、比較的大きな集団に対して行われる。全体に対して何らかの説明を施して概要を知ることができるようにしたり、体系的な知識を整理して教授する場合に有効である。この場合、多くの児童・生徒に対して同時的に教授を行っているため、話の内容がある程度の一般性をもたなければならない。講義は、形式としては受け身である。しかし教師が、児童・生徒の問題関心に対して、順序よい明確な講義によって働きかけ、創造や思考を喚起することができれば、学習活動は豊かになっていくに違いない。

② **問答**：実際の授業は、集団指導のみならず、小集団指導や個別指導の形態をも取りながら進められていく。その際、頻繁に用いられる方法は、教師が問いを投げかけていく問答法である。これは、単なる質問ではない。一般に、質問は、知らない者が知っている者に対して発するが、授業ではまったくその逆で、すでにその問いの答えを知っている者すなわち教師が、知らない者すなわち児童・生徒に対して問いを発するのである。したがって、授業における問いでは、結果としての正答を出すことが第一の目的ではない。問いを発することで、児童・生徒に考えさせ、児童・生徒が自らその問いを解決していこうとする力を導き出すことが主たる目的なのである。

③ **話し合い、討議**：これらでは、児童・生徒同士の関わりが主な活動となる。たとえば、グループで一つの課題について話し合い、まとまった結論を導いたり、その結論を他のグループや個人の意見と比べたりして、新しい視点を獲得したり、より深く理解したりしていく。一見、教師の活動は目立たないのであるが、実は教師の方向づけが決定的な要素となる。なぜなら、話し合いや討議は、まず、取り扱う内容について児童・生徒がある程度の理解をしていないと発展しないからであり、また、授業に参加している者が積極的に取り扱う内容に関わっていく姿勢をもっていなければ、成り立たないからである。話し合いや討議を行うことができるようになるまでに、教師は、問題点についての共通理解を図り、それに積極的に関わるような動機づけを行い、内容が散漫になったり一部の主張のみが突っ走ることのないように、注意深く舵取りをしなければならない。

④ **展示、見学、観察、実験**：これらの方法は、授業において、とくに視覚を働かせることによって、学習内容の理解を促そうとするものである。教科書や教具や実物を展示したり、学校外に出かけていろんな人たちの仕事や活動を見学したり、自然現象を観察したり、

一定の条件を加えて実験したりする。その場合、単に見せて終わるのではなく、このような方法を契機として児童・生徒の思考活動を促進していくようにしなければならない。

⑤　**練習**：学習した知識を児童・生徒自身が応用して活用することができるためには、反復練習させて知識を定着させる必要がある。とくに、美術や音楽、体育などの技能の習得をめざす教科においては、この練習が方法として重要な意味をもっている。この方法では、何度も部分的な練習を行うことそのものに価値があるのではなく、部分的な内容を練習することで、さらに次のステップへとつながることが大切なのである。したがって、練習の内容は、単なる暗記作業に終わることのないよう、つねに全体との関連を考えながら組み立てられねばならない。

第2節　授業を作る力

1　教材を自分のものにする

　授業を行うには、すでに第1節で述べたような基本的な指導法を知らなければならない。しかし、よりよい授業を展開していくためには、教師自らが「自分自身の授業」を作りあげなければならない。そのためにはまず、教師が「自分自身の教材」を作る必要がある。

　関心もなく、教えたくもないものを教えることはできない。少なくとも教師自らが教えたいと思う意志をもつことは、授業を作る前提であろう。そして、授業を作るには、取り扱う内容のことをよく知らなければならない。しかし、教師は、単にその内容について詳しく知っていることにとどまっていてはならない。なぜなら、教材は、教師が知るためのものではなく、児童・生徒に伝えるためのものだからである。その意味で、吉本均は、「授業とは教師が一定の教科内容を子ども・集団に伝える＝媒介する作用だといえる。いかにすぐれた内容が実在していても、それが自動的に子ども・集団に伝わるわけではない。教科内容は教師の教材解釈＝分析に始まる一連の教授行為によってはじめて子ども・集団に『媒介』(Vermittelung)されるのである」、と述べている。教師の教授活動によって、はじめて内容が児童・生徒の前に現れてくる。そして、その教授活動では、教師の教材解釈と分析が基礎となる。この教材解釈と分析は、授業に至るまでの段階でとくに重要なプロセスである。なぜなら、教師の教材解釈と分析によって、授業の内容、つまり教材が作られていくからである。したがって、教師は、教科内容を詳しく知るのみではなく、児童・生徒がその内容を獲得していくことができるような教材を作るために、その内容が児童・生徒

にとってどのような意味をもっているのかを考えて、教材解釈と分析を行わなければならないのである。それを通して、教材は、その教師の「唯一の教材」となりうる。このようなプロセスは、教師自らが教科の内容と格闘し、それを少しずつ噛み砕いていくような作業であり、時間と労力を要するものであろう。しかし、一般に教材研究と呼ばれるものは、このような性格をもっているのであり、授業を作るための条件なのである。

2　授業時の働きかけ

　教材づくりにも反映されているように、授業をつくっていくのは教師の役割である。そして、それを学んでいるのは児童・生徒である。まずはこの事実を忘れてはならない。つまり、教師の主体的な働きかけなしに、児童・生徒が学ぶことはできないのである。それでは、このような授業における教師の主体的な働きかけは、どのようになされなければならないのだろうか。ここでは、斎藤喜博の著書『教師の仕事と技術』に従って、教師の発問と教師の手入れに着目してみよう。

　まず発問であるが、児童・生徒が好き勝手に発言したり無責任に一般的な発言をしてしまわないように、限定したなかで具体的に発問をかけていくことが必要であるという。曖昧で抽象的な発問は、教材への関心を弱めてしまうのである。また、1つだけでなく、第2、第3の発問を投げかけることが大切だという。そうすることでより具体的に児童・生徒を問題に近づけ、考えを作り出させていくことができる。そして、一人への発問は、他の全員に影響し、一人の発言が他へ響いていくようなものでなければならないという。発問は、その授業に参加している全員に考えさせるための意識的、計画的なものなのである。

　もちろん、教師のこのような発問は、同時に、児童・生徒の発言や表現が適切にくみ取られていることを必要とする。教師は、反応を完全に聞き取り、投げかけた問いとのずれや誤りをきちんと訂正しなければならない。「まあまあですね」などという応答は避けられるべきである。さらに、時には、児童・生徒の表現や発言を否定し反ばくすることが求められるという。それによって、児童・生徒のそれまでの知識、理論、感覚をつぶし、新しいものを個人や全体のなかにつくり出していくというのである。そのために、その場での具体的な指導＝教師の手入れの必要性が生じる。全体のことを考えれば、個人に対してあれこれと指示したり手を入れたりすることは適切ではないように思われるかもしれない。「授業が終わってから個人的に」、と考えることも多いだろう。しかし、斎藤は、むしろ一人に対して具体的に指導することで、他へと影響して他を高めていくことが重要だというのである。

このように、教師は、児童・生徒にさまざまな形で働きかけることによって授業を作りあげていくのであり、その働きかけの能力が授業の質を左右することにもなるのである。

以上、第2節において授業を作る力を述べてきた。しかし、児童・生徒との関係がうまくいっていなければ、授業も成立しない。次節では、教師と児童・生徒との関係に焦点をあてて、教師に求められる能力を考えてみよう。

第3節　児童・生徒との関係を作る力

1　受容的態度

教師と児童・生徒との関係が円滑な場合には、授業もきちんと成立し、児童・生徒も教師に対して親しみと敬愛をもつ場合が多いだろう。しかし、成長途上の児童・生徒との間には、時として円滑なコミュニケーションを図ることができなくなることも多い。

臨床心理学者であるトマス・ゴードンは、教師と生徒との人間関係をもっとも効果的にする道を示すことを目的にして、『教師学』を著している。ゴードンは、「生徒自身の生活の中にあり、生徒自身に問題をひきおこすもの。教師の欲求をさまたげ、はっきり教師に影響するもの──これを区別しなければいけない」、という。この区別に従えば、たとえば、ある生徒が怒りや失望をあらわにするような場合は、生徒が自分で何かを受け入れることができないために問題が現れるのだから、生徒が問題を所有している。しかし、生徒が机に自分のイニシャルを刻みつけるなどの場合は、教師の望むものとまったく違う生徒の振る舞いを、教師が受け入れたくないのだから、教師が問題を所有しているという。教師と生徒が関係をつくっていくうえでは、このような問題がどちらの側に属するのかを判断し、それによって教師は対応を変えていかなければならないとする。とくに、生徒が問題を所有している場合には、教師はその悩みやイライラを教師が働きかけることによって能動的に聞き出していくことが必要となる。そこでは、受容的な態度が必要なのであるが、ゴードンは、働きかけながら受容するという能動的受容をとくに重視している。単にうなずくのではなく、生徒の発するメッセージの裏に潜むものをこちらが先取りして、「〜ではないの？」と働きかけることが必要なのである。

このような受容的態度は、カウンセリング・マインドとして、近年とくに要求されているものでもある。児童・生徒の振る舞いや言動は、教師に向けられた何らかのメッセージなのであり、教師には、児童・生徒の呼びかけに応え、彼らを一つの人格として受け容れ

ることが求められる。これは、教育的関係における教師の「責任(respons-ability、応答‐能力)」といえるだろう。

2 「待つ」こと

　教師は、児童・生徒がよりよい方向に向かっていってくれることを期待して、児童・生徒を指導する。教師は、「〜のようになって欲しい」と、児童・生徒の未来のことについて願う。「教育的関係の本質には、教育者が希望と期待をもって、現在をこえて未来へ先き走るということが含まれている」のである。つまり、教師は、現在の状態を越えて未来の状態をよりよいものにしていこうとする意志を持ち、児童・生徒の現状に対して「もっとこうしたほうがよい」と考え、児童・生徒の未来を先取りしながら関わっている。そうすると、教師は、いろいろなことで干渉的に指導してしまいがちになる。河合隼雄は、そのような教師の傾向に対して、次のように述べている。「子どもが何をしようと勝手と決め込んでいると楽であろう。ところが、関心をもって見ているとつい『手出し』をしたくなってくる。あるいは『教え』たくなってくる」。確かに、生徒指導において具体的な指示を出したり、アドバイスをしたりすることは、必要不可欠なことである。しかし、あれこれと手取り足取り指導をしていくことによって、児童・生徒自らがいろいろな課題をじっくりと解決していこうとする時間を奪ってしまっているかもしれないのである。「あっちへ行っては『やめなさい』と言い、こっちへ行っては『こんなふうにしてはどう』と教え、大活躍をしているように見える先生は、『専門家』とは言えない」。児童・生徒は、機械とは異なって、自ら成長して自分自身を確立していくのであるから、教師は、それを「待つ」ことができなければならない。「というのも、……時の経過と歩調を合わせて時の熟するのを待つゆとりや忍耐がなければ、子どもの発達の援助としての教育は総じて不可能だからである」。

　われわれの生きる現代社会では、生産や移動はもちろん、食に至るまで、多くの事柄に効率性とスピードが求められている。しかし、早熟ということばがあるように、熟すにはそれなりの時間が必要なのである。たとえばわれわれになじみの深い味噌でも、大豆に麹を加えなじませ、熟すのを待つ。ただ待つだけではなく、状態と時を見て、かき混ぜたり温度管理をしたりして熟すのを助け、私たちの口に届くにはおよそ10カ月もの月日がかかる。一時として同じ状態はなく、少しずつ熟していく。われわれもおそらく、味噌のように少しずつ熟してきたのであり、そこには熟すのを助けながら待ってくれた教師の存在があったに違いない。

しかし、待っていたからといって、教師が思い望んでいるように児童・生徒が振る舞ってくれるとは限らない。だから教師は、いつでも挫折を味わう可能性をもっている。それでも教師は、児童・生徒の発達を助けるようにさまざまな形で働きかけるのである。したがってこの働きかけは、児童・生徒をあらかじめの計画のもとに縛ることではなく、最終的には、児童・生徒の良心を覚醒させ、自らが向上しようと自覚させるために、呼びかけることなのである。

第4節　教師に求められる資質能力を高めていくために

1　経験と反省

　ここまできて、「教師の活動に慣れていけば、自然と資質能力は身についてくる。だから、そのような能力は教師になってから身につければよい」、と考えた人はいないだろうか。これはもっともらしい意見であるが、果たしてそうだろうか。

　前田博は次のように述べる。「しかしただ単に経験が貴重なのではない。どのような経験であるかが重大な問題であり、どのような経験の仕方を積み重ねていくかが大きな問題なのである」。経験が多くて慣れていることが、その活動の質を高めることにはけっしてならない。それどころか、単なる慣れは惰性を生んでしまう。「したがって、実践の経験を大切にする、ということは言うまでもないが、より重要なことはその経験の立脚している立場、その経験が基礎にしている考え方を、常に反省して純化し高めることである。経験には『真の理論』が含まれていなければならない。でなければ、経験は『完全な経験』であることができないのである」。もちろん、教師としての経験は重要であるが、自らの経験を改めて振り返って反省し、解釈して理解する作業がともなわなければならないのであるから、これから教師になろうとする者には、まだ教師になってはいなくても、教職を目指す学生として自らの経験を反省し、次にどのようなことを行うべきなのかしっかり考えることが大切である。おそらく教育実習は、それに最も適した場であり、自らの経験を教育についての知識や教育理論に照らし合わせてみることが求められる。経験を反省することで教育や教師に対する理解を深めていくこと、実はこのこと自体も、教師に求められる重要な資質能力といえるのである。

2　人間への関心と文化や社会の理解

　最後に、人間に対する関心と、文化や社会に対する理解の必要性を指摘しておきたい。

われわれは、日常のなかで、家族や友人、同じ共同体に暮らす人々、さらには世界の人々に至るまで、どこまでも人間に対して無関心でいてはならない。なぜなら、人間に対する無関心は、無配慮に人間を傷つけることへつながるからであり、そこにおいて教育活動は成り立たないからである。そして、これから、多くの人々との出会いを大切にし、多くの人々との関わり合いのなかで自分自身のあり方を見つめ直していくべきである。また、われわれは、人間が生み出した文化の所産を媒介し、これからの社会のなかで文化を創造していく児童・生徒に関わっているということを忘れてはならない。したがって、社会のさまざまな課題や問題点について、自分自身の考えをめぐらせ、さまざまな人たちと意見を交換すること、また、われわれの文化について理解を深め、それを継承発展させていく努力を惜しまないことが必要である。このような文化や社会についての幅広い理解により、授業の教材を自分なりの視点でもって作り出していく能力も少しずつ形成されてくるし、自分自身のことばによって、児童・生徒との生き生きとした関わりを作り出していくこともできるのである。

　教師に求められる資質能力は、いわゆる素質や天賦の才能とは異なり、特別な人に生まれつきそなわっているものではない。教育実習に向けて、そして教育実習を生かして、教師として求められる資質能力を高めていこう。

引用・参考文献
(1)　吉本均『授業の構想力』明治図書、1983年。
(2)　斎藤喜博『教師の仕事と技術』国土社、1990年。
(3)　ゴードン著、奥沢良雄・市川千秋・近藤千恵訳『T.E.T. 教師学　効果的な教師＝生徒関係の確立』小学館、1985年。
(4)　ボルノウ著、森昭・岡田渥美訳『教育を支えるもの』黎明書房、1989年。
(5)　河合隼雄『子どもと学校』岩波新書、1992年。
(6)　岡本英明『道徳教育の課題』(現代教育学全書)高文堂出版社、1988年。
(7)　Otto Friedrich Bollnow: Der Lehrer als Erzieher, in: B.Krautter(Hrsg.), Gebt der Schule ein Gesicht, Referate und Ergebnisse vom Lehrertag der Diözese Rottenburg-Stuttgart am 30.September 1989 in Böblingen, Stuttgart, 1989.
(8)　前田博『教育本質論：教職教養の基本問題』朝倉書店、1958年。

（石村秀登）

第6部
反省と課題

第15章　教育実習の反省と自己研修課題

第1節　教育実習が終わったら

　2〜4週間の教育実習を終えてほっと一息つきたいところだろうが、まだ実習は終わったわけではない。実習校との事後連絡、大学への実習終了報告、事後の事務処理が残っている。実習後は以下のことをやっておこう。

1　実習校との関わりから

　① 「教育実習の記録（実習日誌）」記載のお願い

　「教育実習の記録」は実習の最終日までに記入を完成させ、指導教諭に提出し、点検、講評をお願いする。「教育実習の記録」の返還方法は実習校によって異なるので、実習校の教育実習担当教諭または教科指導教諭に問い合わせる。実習校が大学に直接返送する場合は、実習生は切手を貼った返送用の封筒を準備する。また、実習生が実習校に取りに行く場合は、指定された日時に必ず伺うようにする。

　② 実習校への礼状

　実習終了後1週間以内に、実習校に礼状を書く。基本的には学校長宛てに、できれば封書で書く。封書ではなかなか難しいという場合は、はがきでもよい。とにかく、実習でお世話になったお礼の気持ちを表すことが大切である。また、指導教諭、学級担任と教科指導が別の場合はそれぞれ別個にも礼状を出した方がよいだろう。クラスの児童、生徒に近況報告をするのもよい。礼状の事例をあげたので、各自工夫をして自分らしい内容を考えてほしい。

≪礼状1：はがき≫
　大学の花時計にサルビアの赤が映える季節になりました。先生方におかれましては、相変わらずお忙しい日々をお過ごしのことと拝察いたします。このたびの教育実習では大変お世話になりまして、本当にありがとうございました。
　これまで「教えられる」側であった私にとって、初めて「教える」立場に立ったことは貴重な経験であり、毎日が学びの連続でした。実習期間中、先生方からいただいた暖かい励まし、適切なご助言は、未熟な私にとって大きな支えとなりました。心より御礼申し上げます。

また、生徒たちの明るい表情や私への言葉かけは、実習の励みになりました。このような経験は、教職をめざす私にとってかけがえのない宝物です。教育実習は、教職への第一歩だと思います。今後は大学での学習をさらに進め、自分の目標である教員に向かって日々努力していこうと思っておりますので、どうぞ、よろしくお願い申し上げます。
　これから益々暑くなってまいります。先生方、くれぐれもお体をご自愛くださいますようにお祈り申し上げます。取り急ぎ、御礼まで申し述べました。

≪礼状2：封書≫
　拝啓
　向夏の候、先生方におかれましては、ますます御健勝のこととお慶び申し上げます。
　さて、このたびの教育実習では、お忙しい中私の指導にあたっていただき心より御礼申し上げます。実習中、多くの先生方から暖かい励ましや適切なご助言をいただきました。それらのお言葉一つ一つが、緊張と不安でいっぱいだった私の大きな支えとなりました。教科指導では、学習指導案がなかなかできず困り果てていた私に、教材研究のポイント、授業展開の流れを丁寧に教えてくださいました。「教える」ことの難しさを実感した教育実習でした。
　また、担当する学級の生徒と一緒に清掃し、給食を食べたことは、生徒理解へのきっかけになったと思っております。大学に戻りました今でも、明るい生徒の表情や、私への言葉かけは忘れることができません。教員をめざす私にとって、生徒との触れ合いは貴重な体験となりました。
　教育実習は教職への小さな一歩だと思います。けれども、この実習で得た経験は何ものにもかえることのできない、大切な一歩だと確信しております。これからは、大学での専門科目や教職科目の学習をさらに進め、幅広い教養を身に付けるためにできることから取り組んでいこうと思います。教師という目標に向かって、日々努力していくつもりです。今後ともご指導、ご鞭撻を賜りますよう、よろしくお願い申し上げます。
　　　　　　　　　　　　　　　　　　　　　　　　　　　　　　　　　　　敬具

2　大学との関わりから

①　実習終了報告

　実習生は、大学での教育実習担当教員（教育実習事前指導担当教員）、教壇実習（研究授業）を参観した教員、教職課程担当事務局などに実習終了の報告をすることが望ましい。実習終了報告の仕方は各大学によって異なるので、事前に確認しておくとよいだろう。また、実習期間中欠席していた専門科目、ゼミ担当の教員にも、実習終了の報告をしたいものである。

② 「教育実習の記録（実習日誌）」の提出

「教育実習の記録」は実習生が所定の記録を完成し、実習校の学校長、指導教諭の点検、講評を記載してもらった後、教職課程事務局に提出する。提出期限は大学によって異なるが、一般的には実習終了後２週間以内である。実習校によっては直接大学に返送する場合があるので、あらかじめ大学への提出期限を伝え、切手を貼り、大学の住所、事務局担当部署名を記載した返信用の封筒を添えるようにする。

③ 事後指導への参加

実習終了後、各大学において事後指導が行われる。教育実習は事前指導、実習校での実習、事後指導すべてを終了して始めて単位として認定される。事後指導は、実習校での実習を振り返るとともに、これからの学習課題を整理する場でもあるから必ず出席する。

事後指導の内容は各大学により異なるが、一般的に実習の報告と反省が中心となる。実習生が個々にポスト・レポートをまとめ、『教職課程年報』、『教育実習報告書』などを作成する場合もある。また、次年度実習予定者へのアドバイスをかねて、実習終了報告会を開くこともある。

第２節　教育実習を振り返ってみよう

　教育実習は充実していただろうか。これからの大学や教職課程での学習、社会生活に実習の経験を生かすために、実習の反省点と今後の課題を明確にしておこう。

1　実習生の反省と感想から

　まず、「実習生の反省と感想」と「その実習生に対する担当教諭の総評」を３つ紹介する。各自の実習での経験と照らし合わせ、その実習生がどのように評価されたか、今後の課題を考える参考にしてほしい。

≪実習生の反省と感想１≫
　教育実習が始まる前に数回のガイダンスと事前指導があり、そのなかで学んだことを反復し、教材研究もしっかりやり、実習のなかでできること、したいことを思い描いて実習に臨んだ。しかし、実際に授業をしてみて感じたことは自分の教材研究に対する甘さだった。教材研究は、その回の授業内容だけを研究するのではなく、それまでの授業の流れを土台として成り立つのだ。また、魅力ある授業をするために必要なのは、生徒理解であることもわかった。そこで私は、実習中生徒との触れ合いを多くもつために、給食、清掃、

休み時間などできるだけ長く教室にいるようにした。部活動の練習にも参加した。部活では、教室での様子とは別の、目を輝かせて真剣に取り組む生徒の姿を見ることができた。ＰＴＡバレーボール大会には練習から参加したことで、教職員の方との距離が縮まったと思う。教育実習では、内側から学校を見ることができた。そこで学んだ最大のことは、教師の役割の大きさ、生徒に対する教師の熱い心であった。教師は、授業、地域との関わり、学校行事など多くの仕事、役割を受けもっていた。教育実習での経験を無駄にすることなく、採用試験に挑戦したい。

≪担当教諭の総評１≫

　礼儀正しく、まじめで好感のもてる実習生であった。何事も学ぼうとする意欲があり、朝の清掃活動、読書指導、帰りの部活動、ＰＴＡバレーボール大会など積極的に関わろうとする姿勢が見られた。生徒理解にも勤めようと、生徒の名前を１日で覚えたり、一人ひとりの長所をつかんだりと、一生懸命生徒のなかに入っていく様子がうかがえた。一緒に学級便りを書いてくれたことも、生徒たちを大変喜ばせた。授業では慣れないために慌てたり、説明につまってしまうこともあったが、生徒の立場から見ると落ち着いていて声もよく通り、何を学んでいるかがわかる授業だった。さらに深い教材研究と、生徒の立場から見た授業の組み立てができればよいと思う。社会科は、教師自身が日頃から社会現象に注目し、理解しなければならない教科なので、学生時代からがんばってほしい。また、部活動にも積極的に参加し、時間を気にせず誠意をもって接してくれたことは生徒に伝わった。どの職員にも教えを請う姿勢があり、ＰＴＡバレーへの参加は大変助かった。生徒指導の技術はまだまだだが、教師としてのまじめさと資質はあると感じた。

≪実習生の反省と感想２≫

　２週間を振り返ると、反省すべき点が多々想起される。教育の学びをしていながらも、机上だけでは学びきれないことが多いことに気づかされた日々であった。教育という仕事、教師という職業についての考えはまったく違ったものとなった。以前は教師から生徒へという考えが強かったが、実習をしてみると、教師と生徒双方が行き交う形が理想であるとわかった。教材研究、指導計画は事前に準備していた部分については段取りよくできたが、実際に授業を生身の生徒の前でやってみると、雰囲気一つでやりたかったように進めることができず、大いに反省した。生徒の反応を確かめるために発問の機会を多くするように心がけたところ、授業はスムーズに進むようになり、自分自身も教え甲斐や楽しさを感じることができた。このような経験は、実習をしてみなければけっして味わうことができない。そして、指導する技術の向上ばかりではなく、生徒との信頼関係を築くことが重要であると思った。この２週間で最も印象に残ったのは、生徒のときには垣間見ることのできなかった教師の姿である。昼夜を問わず、生徒のために働く姿には心打たれるものがあった。

≪指導教諭の総評2≫

　実習前から積極的に連絡して綿密に準備を重ね、良い状態で実習がスタートできた。また、多忙な実習中もけっして手を抜くことなく授業準備や指導案に取り組み、書類などは毎回きちんと書けた。実際の授業においても自分なりの最善を尽くす姿勢が光っており、実習生の熱心な気持ちがその都度生徒たちに伝わっていた。毎晩、12時過ぎまで準備や指導案作りに取り組みながら、次の朝は人よりも早く出勤し掃除している姿にも熱意を感じた。私たち教員は、教えることや生徒と交わることにおいてはプロでなければならない。この意識で毎日葛藤しているので、当然実習生にも近いレベルの要求をする。「先生」であることを求められることに戸惑い苦しんだと思うが、この実習を教師としての貴重な原点として、さらなる向上を図ってほしい。

≪実習生の反省と感想3≫

　研究授業では教科書を使用せず、日常の英会話、ゲーム、歌など実際に英語を使うという授業を行った。自分で考えた授業だったので、生徒が積極的に参加してくれるか不安だったが、楽しそうな姿を見て安心した。反省会のとき、多くの先生方に貴重な意見をいただいた。実習校は荒れていて、授業崩壊に近い状態だったが、そのなかで生徒をひきつけたことはすばらしいといわれた。授業のやり方を工夫したこと、生徒としっかり向き合っている姿勢を評価していただいた。「自分を信じて、これからも自身をもって行動して」といわれたことがとても嬉しかった。この2週間、いままでとは別世界のなかで、日々、何事も一生懸命がんばってきた。いろいろ辛く、大変なこともあったが、教職はやりがいのある仕事だった。この思い出を忘れず、これからもがんばっていきたい。

≪指導教諭の総評3≫

　今回の教育実習において、実習生はとても意欲的で何事にも積極的に取り組んだ。担当クラスでは教室の清掃、掲示物の整理など、とくに環境美化に力を入れた。教科指導では教材研究をしっかりやっていた。教科書の説明では生徒にとってわかりにくいと思われる単元では、生徒に理解させるために自分で教具を作り、自分なりに説明を工夫し、指導していた。生徒も、実習生の説明はわかりやすく、上手だったと話していた。また、プリントを作り、各生徒の能力に応じた練習問題に取り組ませるなど、一斉授業のスタイルだけでなく、個別学習の指導スタイルにも果敢に挑戦した。学級担任としても、時間前に教室に行き、給食や清掃時など積極的に生徒に話しかけ、生徒とのつながりを持とうと努力していた。全般を通してとてもまじめで誠実なので、将来、さらなる成長が期待できる。

2　実習を振り返るために

　教育実習にあたっては、各自、それぞれの実習課題をもって臨んだことだろう。それらの課題をもう一度思い出してみよう。そのうち十分に達成できたもの、達成できなかった

ものは何か、整理することが大切だ。以下の表を参考に、再度実習を振り返ることを勧めたい。

自己評価の視点	反省点
教育および教師の仕事がよく理解できたか。	
教材研究は十分だったか。	
指導計画は適切に立てられたか。	
魅力ある授業はできたか。	
指導技術は効果的だったか。	
児童・生徒理解に努めたか。	
児童・生徒の反応を的確につかみ、公平に接することができたか。	
児童・生徒に親しまれ、信頼されたか。	
特別活動や学級経営に積極的に参加できたか。	
教職員との人間関係を好ましく保ち、明るく勤務できたか。	

第3節　実習校から見た実習生

実習校では実習生をどのような視点から評価しているのだろう。ここでは、実習校の批評内容から実習生の評価点を考えてみたい。まず、以下の実習校の総評を読んでほしい。

≪実習校の総評1≫
　将来の職業の選択肢の柱として教職を位置づけているため、実習期間中すべてにわたって真剣で、誠実な取り組みをした。生徒を理解しようと休み時間や昼休み、放課後など授業以外の時間にも積極的に生徒と触れ合う時間を作っていた。清掃時においても率先して作業に取り組み、自ら模範を示した。こうした姿勢が生徒からの信頼に結びつき、良好なホームルームの雰囲気作りに貢献した。自らの真摯な行動で、生徒に指針を与えようと努力する姿勢に好感がもてた。本校の教育目標をよく理解して生徒指導にあたっており、教員の服務、勤務の状況を理解しようと、進んで指導教諭の校務処理を手伝った。実習生としての勤務のあり方はもとより、服装、態度、言動なども生徒の模範となるものであった。学習指導においては、自分が「わかる」ということと生徒に「わからせる」ということがいかに違うのかを痛感していたが、教材理解の不十分さ、指導技術の未熟さというすべての実

習生が抱える課題を短期間のうちに克服しようとよく努力していた。指導教諭の授業観察に加え、多くの教員の授業観察を通して、教科指導のさまざまな側面を吸収しようと熱心に取り組んでいた。私たちは、実習生に完成されたものを求めないが、この実習を通して学んだであろう教職の厳しさや奥の深さはどのような職業につくにせよ共通のものであり、この経験を今後に生かしていってほしい。生徒、教員に対する協力的で献身的な態度や、実習に取り組む意欲や向上心など、教職をめざす学生にふさわしい実習であった。

≪実習校の総評2≫

　教科指導、学級指導、その他あらゆる場面での緩慢な態度、姿勢が目についた。教員志望の動機は人によってさまざまである。しかし、何かしらの強い熱意をもって実習に臨んでいるはずだ。経験がない分、時として偏った情熱となってしまうこともある。これは現職の教員にもいえることだが、それでは実習生の特権とは何かというと、まさにこの情熱しかないのではないか。だが、この2週間を通して、結局最後までそれを感じることはなかった。教材研究不足、知識不足、指導力不足、教員としての自覚不足はさることながら、これらの不足分を唯一救える熱意が見られない。これは生徒も気づいていた。このことが、生徒とのコミュニケーションを取れずに終わった根本原因であろう。何をもって生徒とのコミュニケーションが取れたと判断しているのか。コミュニケーションは相手方がそれと感じなければ、コミュニケーションが取れたとはいえない。この点において、猛省を促したい。そして生徒との間にできてしまっていた溝がクラス運営、授業に影響を及ぼした。授業が思うように進められなかったのは、知識力や技術が欠けていたことよりも、信頼感の不成立によると分析する。なぜ教師をめざそうとしたのか、その初心をつねに心にとめ、自らを見つめなおしてもらいたい。

　2つの総評を読んで何を感じただろうか。総評1の実習生はその実習に対して高い評価を得たのに対し、総評2の実習生はその実習内容を厳しく問われている。対照的な評価内容であることに気づくだろう。どうしてこのようなことになったのか。この問題を考えるために、これらの批評内容を以下の4点から検討してみたい。

　① 教職に対する意識

　総評1の実習生は教職に対する明確な意識をもっており、将来の職業として教職を位置づけ、積極的に教員の仕事を理解しようとしている。これに対して総評2の実習生は、明らかに実習に対する意欲が見られない。学校現場は多忙である。そのようななかで実習生の指導にあたる教員は、後輩を育てるという使命感から実習生を受け入れている。したがって、実習生の教職に対する意欲は実習評価の重要なポイントになる。教職に対する意欲

を示すためには、具体的な行動、勤務態度が大切だ。意欲は表現しなければ伝わらない。事例にあげた実習生の実習態度や行動のなかで、実習校に高い評価を得たものを参考にするとよいだろう。

② 授業実習

　教材の理解不足、指導技術の未熟さについて、実習をした両者に大きな差があったとは思われない。なぜなら、どの実習生も同様の問題を抱えているからである。総評1と2の実習生に対する評価を分けたのは、それらの課題を克服しようとする姿勢と具体的な取り組み方である。総評1の実習生は、指導教諭の授業観察だけでなく他の教員の授業観察を行い、多くの教員の授業方法や指導技術を参考にした。また、この実習生は実習前に何度か実習校を訪れ、指導教諭と綿密な打ち合わせを行い、あらかじめ、担当する授業の学習指導案を複数作成していた。このような授業実習のための事前準備、指導案作りへの取り組みが高い評価につながったのである。

③ 児童・生徒理解

　いうまでもなく、児童・生徒理解を深めるためには、子どもと接触する時間を多く確保することである。また、教育実習の意義の一つには、実際に教育現場で生身の子どもと関わることが含まれている。総評1の実習生は、休み時間、放課後、清掃などさまざまな機会を利用して積極的に子どもの中に入っていこうとしている。実習校は、率先して作業に取り組み、生徒に模範を示そうとする真摯な態度、子どもに関わる姿勢を高く評価しているのである。同時に、そのような行動が子どもとの信頼関係の形成につながり、結果として、それが学級経営や授業にもプラスに働いている。これに反して、総評2の実習生は生徒とコミュニケーションがとれず、信頼関係の形成に失敗したため、クラス運営や授業がうまくいかなかった。児童・生徒理解、子どもとの信頼関係は教育の根幹であり、授業や学級経営の大前提である。このようなことから、実習校は児童・生徒理解を重要な評価ポイントとしているのである。

④ 実習生としてのあり方

　実習生としてのあり方については、2つの視点から評価されている。

1) 服装、言葉づかい、動作、協力的で献身的な態度などが学校現場にふさわしいかどうかという視点。
2) 実習校の教育目標理解、教員の服務理解、校務処理への参加、勤務態度などが職業人としてみたときに適切かどうかという視点。

髪型や髪の色、化粧や服装、挨拶、控え室の清掃、無断欠勤の禁止、事前連絡なしの遅刻や早退の禁止など、大学の実習事前指導で注意されたことだろう。実習校では、これらの細かな点をしっかり見ている。口頭で注意されることはなかったかもしれないが、実は実習評価の重要なポイントになっている。よい評価で教育実習を終了した学生は、一般に就職活動でもそれなりの成果をあげることが多い。それは、社会人、職業人として求められる基本的なマナー、生活態度を教育実習のなかでクリアーしているからであろう。その意味で、教育実習は就職活動にマイナスとはならない。実習での経験を生かすかどうかは本人次第なのだ。

第4節　教職をめざす人たちへ

　教育実習は教職に向けての一つの重要なステップであり、自分が教師に向いているかどうか、職業として教職を選択するかどうかを決める貴重な経験である。教員という仕事は、つねに自己研鑽を要求される職業の一つであるから、さらなる学習の継続が望まれる。

　今後教職をめざすためには、実習後の自己研修課題を整理しておくことが必要である。研修課題は各自の具体的な実習内容によって異なるので、自分の課題を見つけることが大事である。以下に、教育実習において実習校が実習生に求めるものと実習生の意識とのずれを簡単な表にまとめたので、これからの研修課題を考える際の参考にしてほしい。

	実習生の意識	実習校が求めるもの
教職に対する意識	職業の選択肢の一つ	教職に対する意欲＋教職につく意思
教材研究	教科書＋専門的知識を基礎とした教材選択（補助資料）	教科書＋専門的知識を基礎とした教材選択（補助資料）＋一般教養
授業展開　指導技術	学習指導案中心	学習指導案＋個々の生徒の反応に対応した柔軟な授業展開
児童・生徒理解	同じ目の高さ＋共同作業による理解	同じ目の高さ＋共同作業による理解＋生徒の表情、言動を読み取る＋指導にあたる者としての見方

　教職は人間の形成に関わる仕事である。しかも、仕事としての結果がすぐ出る職業ではない。また、一朝一夕にして理想の教師になれるわけではない。教育実習はいわば教職へのスタートラインである。大切なことは、実習後、大学での教職科目や専門科目の学習に積極的に取り組むことである。なぜなら、教職には教科に関わる専門的な知識とともに幅広い教養、深い人間理解が求められるからである。

　以下に、教職を選択するかどうかを考える際の指標をいくつか提示してみた。各自の実

習経験を踏まえ、教職についてもう一度じっくり考えてみよう。
1) 教師という仕事にやりがいや魅力を感じたか。
2) 児童・生徒と関わることを楽しいと思えたか。
3) 教えること(授業)が面白いと思えたか。

最後に実習生の感想を2つ紹介する。これらを読んで、自分はなぜ教師になりたいと思ったのかを考えて、さらなる学習を心がけてほしい。

≪実習生の反省と感想4≫
「なぜ、教師になりたいと思ったのだろう」と実習中に考えた。答えは「すばらしい先生方に出会うことができたから」だった。今回もすばらしい先生方と出会え、教師になりたいと思った理由を思い出すことができた。研究授業では、「先生が頑張れるように私たちがサポートするよ」と生徒にいわれた。先生方、生徒に支えられ終わることのできた教育実習だった。失われてしまった教師への思いを再確認した実習となった。

≪実習生の反省と感想5≫
2週間という短い期間のなかで学ぶことは多くあったが、それらを実習に生かすことができず残念だった。しかし、その短い期間も先生方をはじめ生徒や他の実習生など、多くの人たちに支えられ過ごすことができた。教育実習で学んだことは教育の場のみで生かせることだけではなく、さまざまなことに取り組む際に生かせることだと思う。それらをこれからの生活で生かしていきたい。

引用・参考文献
(1) 大村はま『日本の教師に伝えたいこと』筑摩書房、1995年。
(2) 佐藤学『教師というアポリア』世羅書房、1997年。
(3) 佐伯胖他編『岩波講座現代の教育：危機と改革；6　教師像の再構築』岩波書店、1998年。
(4) 宮本幸雄『教師たちの悩み：学校の常識は社会の非常識？』同朋舎、1998年。
(5) 若林繁太『教師よ』(教職課程新書) 協同出版、1998年。
(6) 向山洋一『プロの資質を磨く若き教師の三年間』明治図書、1999年。
(7) 苅谷剛彦『教育の社会学－〈常識〉の問い方、見直し方』有斐閣、2000年。
(8) 日本教師教育学会編『講座教師教育学Ⅰ　教師とは－教師の役割と専門性を深める－』学文社、2002年。
(9) 日本教師教育学会編『講座教師教育学Ⅱ　教師をめざす－教員養成・採用の道筋をさぐる－』学文社、2002年。
(10) 日本教師教育学会編『講座教師教育学Ⅲ　教師として生きる－教師の力量形成とその支援を考える－』学文社、2002年。

(内海崎貴子)

第7部

介護等体験

第16章　介護等体験の心得

第1節　介護等体験の基本的な心構え

　介護等体験は、「小学校および中学校の教諭の普通免許状授与に係る教育職員免許法の特例等に関する法律」(平成9年度法律第90号)によって、平成10年度に入学した学生(編入を含む)から義務づけられた。そこでは、小・中学校教諭の免許状の取得を望む学生には、盲・聾・養護学校で2日以上、福祉施設等で5日以上の計7日間の介護等の体験を積むことが必須条件とされている。

　その趣旨は、「義務教育に従事する教員が個人の尊厳及び社会連帯の理念に関する認識を深めることの重要性にかんがみ、教員としての資質の向上を図り、義務教育の一層の充実を期する観点から、小学校又は中学校の教諭の普通免許状授与を受けようとする者に、障害者、高齢者等に対する介護・介助、これらの者との交流等の体験を行わせる」ことである。

　この介護等体験は、学校における種々の教育課程と相互関連をもちながら、有効に生きて働かなくてはならない。たとえば、介護等体験と特別活動との関係についていえば、次のようになる。特別活動においては、ボランティア活動の意義を理解し、社会奉仕の精神を養う体験が重視されているが、その一環として特に介護等体験は大切な役割を果たしている。寝たきり老人などへの食事、排泄、清潔、運動や移動などに対する援助活動、また、心身に障害のある人々に対する対応などの体験活動を通して、高齢者や障害者の生活や心理を理解したり、地域の介護活動の現状などについて理解することができる。さらに、地域社会における福祉の向上を図るための実践的態度を子どもたちに身につけさせていくことができるのである。

　次に、介護等体験にあたっての基本的な心構えとしては、次の3点をあげることができる。
　まず第一は、実習生としての立場と職員としての立場をそれぞれ自覚しておくことである。
　前者において、実習生は学ぶものとして、謙虚な気持ちで利用者や職員に接することが必要である。後者においては、実習生は自らが職員であるとするならば、利用者にどのように接すればよいかという気持ちをもって対応することが重要である。

第二は、実習生として守るべき義務について自覚しておくことである。

　実習生は、実習中に知り得た事実を他人に漏らすことがあってはならないのであり、とりわけ、利用者のプライバシーに関しては守秘義務があることをよく知っておかなくてはならない。また、実習生は人間尊重の原理、平等主義の原理や社会連帯の原理などに基づいて利用者を援助・支援していくことが大切である。

　第三は、実習生としての取り組むべき課題を十分に自覚しておくということである。

　実習生は事前指導として、実習する分野の基礎的な知識に関する指導を受けなくてはならない。とくに、障害児教育、児童福祉や社会福祉等に関する科目については、基礎的知識を習得しておかなくてはならない。また、実習生は実習中には利用者や職員と積極的に関わり、相手から学ぶという姿勢を常にもち続けていくことが必要不可欠とされてくる。さらに、実習生は実習での健康管理についても、つねに留意しておかなければならないのであり、病気や事故などに遭遇したときには適宜対処していくことが重要である。

第2節　介護等体験における援助・支援とは何か

　援助・支援とは、文部科学省の指導資料では、相手一人ひとりに適切に対応することであり、一方的に指導すること以上に指導者としての専門性がよりいっそう問われてくることであるとされている。

　当初、援助・支援とは指導しないことであるといった考え方が聞かれたが、このようなとらえ方は正しいとはいえない。それには、それぞれの相手に即し、より適時に、より適切なやり方で接するようにせよ、という意味が込められている。

　こうした援助・支援の用語の登場で、指導のあり方についての検討が、それを発動する指導者の側から相手の側に移されてきたのであり、具体的場面における指導者と相手の行為がより厳密に検討されるようになった点は、一つの成果といえる。

　元来、指導とは相手に外から働きかけて彼らの興味、考えや行動を、より価値のあるものへと変えようとする指導者の働きかけであるといわれている。それは、指導者の思い通りに相手を動かすことでもなく、相手の興味・関心に迎合して甘い自発に任すことでもない。そうではなくて、相手が価値あるものを見出だせるように促し、理解や納得を引き出しながら、彼らの目的意識と躍動する精神を育むように導くことである。

　このように考えるならば、援助・支援の内実は指導概念ときわめて近いものであり、相

手の側に寄り添いながら、指導者の側からの相手の身（心）に介入するタイムリーな働きかけということができよう。

介護等体験では、上述したような援助・支援の基本的考え方を踏まえ、以下に示す7点に留意しながら、実習を行っていくことが大切である。

まず第一は、相手と同じ目線に立って、相手の立場を考慮し、柔軟に対応していくということである。

相手を固定観念に縛ってしまって、だれもがそれに従わなければならないような接し方は慎まなければならない。そうではなくて、つねに、相手の「痛み」や「悲しみ」を共有して受容的、かつ、弾力的な態度で関わっていかなければならない。

第二は、障害者や高齢者などに対して一人ひとりを個性豊かな人間としてとらえ、対応していくということである。

障害者や高齢者などについて、その能力やパーソナリティを障害や年令と短絡的に結びつけてとらえてはいけない。つまり、「身体障害者は〜」や、「知的障害者は〜」とか「高齢者は〜」などと、障害を彼らの能力やパーソナリティの特徴と見るのではなく、一人ひとりを個性豊かな人間としてとらえ、対応していかなければならないのである。

例えば、手に障害のある人の場合、手が不自由であっても、足が手と同様の機能を果たし得るようになったという事実がある。

また、視覚障害のある人が、指先で事物に触れ、そのことで事物の感覚をザラザラしているとか、ツルツルしているとか、障害のない人にはとうていとらえられないような事物をリアルにとらえる能力をもっているといった現実もある。

さらに、聴覚障害のある人は、聞くことに命を懸けているのであり、話す側の口もとを一語一語を漏らさないようにと一生懸命くいるように見つめている。そのため、障害のない人にはたち打ちできないくらいの観察力、集中力や注意力をもっているといった事実もある。

つけ加えて、知的障害のある人は、むずかしいエスプレッソ（高品質のコーヒー）を入れるのにうってつけであり、完璧なまでのこだわりとわずかなミスも許さない厳密さでもって、いつでもどこでも、同じ品質のコーヒーが入れられるという現実もある。

最後に、高齢の人には、若い人には十分に身に付いているとは思われないような長い人生経験から培われたやさしさ、おもいやり、気配りや我慢強さなど学ぶべき性格が多々見受けられるといった事実もある。

レッテルでとらえられるものは、本人の能力の一つの側面について貼られたものにすぎないのであり、本人には「もう一つの強い」側面が確かに存在している。そしてこのことが、一人ひとりを個性豊かな人間として把握し、共感の「まなざし」で相手と向かい合うことを可能なことにしてくれるのである。

　第三は、相手とつねに、謙虚な姿勢で向かい合うということである

　とくに、障害者や高齢者などは、わかりきれない存在である。それだけ多様な価値観をもっているのであり、学ぶべきことが多い。実習生は彼らから学ぶという姿勢を、つねに、もち続けることが大切である。実習生は彼らから学ぶべき事柄は積極的に吸収すればよいのであり、自ら教えるべき事柄は十分に獲得してもらえればよい。そして、お互いに援助・協力し合いながら真理・真実（目標とすべきもの）を解明していくという姿勢が必要不可欠なこととされてくる。このことが相手との信頼感を育んでいくことになるのであり、相手との距離を限りなくゼロに近づけていくことになるのである。

　第四は、相手の努力・進歩に対して、励ましやねうちづけを与えるということである。

　実習生は相手の努力・進歩に対して、タイムリーな励ましやねうちづけを与えなければならない。このことで、相手の身（心）にかかり、やる気や集中力を喚起していくことができる。

　とくに、障害児の場合には、健常児と比べものにならないほど深い所にその可能性が秘められている。その可能性を開花させるために、タイムリーな励ましやねうちづけが要求される。しかも、それに対して示す応答は、わずかでかすかである。こうしたかすかな応答を見逃すことなく発見し、微妙な内面を読み取り、次の励ましやねうちづけを与えていかなければならない。そこでしか、障害児との教育的な関わりは結べないのだし、援助・支援も成立しない。そういう意味で、障害児に対するタイムリーな励ましやねうちづけは、援助・支援することの原点を示しているということもできる。

　第五は、本人のできることは、何でもやってしまうのではなく、ゆっくり待って励ましたり、ねうちづけを与えていくということである。

　本人のできることは、実習生がすぐにやってしまわないで、その人のもっている能力を尊重しながら、ゆっくり待って励ましたり、タイムリーなねうちづけを与えていくことが必要とされてくる。

　とくに、障害児は障害があるがゆえに、発達の筋道を追うのに時間を要するといわれている。障害児は発達の筋道を非常にゆっくりと、しかも丁寧にたどって見せてくれる。し

たがって、健常児が比較的なにげなくたどっていく発達の過程を鮮明に示してくれているのであり、発達のもつれやつまずきを解きほぐし、克服していく方途を示唆的に提示してくれている。

本人のできることを、じっくりと待って励まし、ねうちづけを与えていくことで、成長や心身の機能の衰えを防止することができ、達成感を獲得させていくことができるのである。

第六は、相手の「痛み」や「悲しみ」を共有して、叱り、要求するということである。

実習生は相手を叱る際には、(a)行為の事実を叱ること、(b)自らの欲求不満を解消するような叱り方ではなく、相手の「痛み」や「悲しみ」を共有して、叱り、要求すること、(c)画一的な叱り方をしないこと(相手の性格をよく知って、時と場を選んで叱ること)の3点に留意することが大切である。

第七は、21世紀の生涯学習時代に入り、高齢者の教育に対する社会的要求は高まってきており、高齢者の生きがい・ゆとりや主体的な発達を促す学習活動への援助・支援のあり方が次の二つの形態すなわち、(a)高齢者教室・大学など趣味、教養や健康を主要テーマとする高齢者向けの社会教育学級、(b)老人クラブ、ゲートボールや奉仕活動など高齢者の自主的学習活動、に求められているということである。

第3節　障害者や高齢者などへの対応

1　視覚障害者への対応

視覚障害のある人に対応する場合には、次の点に十分留意しておくことが大切である。

① 接する際には、相手は目が見えないので、黙って近づかないで、声をかけたり、あいさつをする。

② 会話をする際には、ただうなずくだけでなく、声を出して返事をする。

③ 説明をする際には、(a)くちびるとあごを十分に動かして一語一語をはっきりと、(b)歯切れよく、(c)ひきしまるように、(d)トーンを変えて、(e)早口はやめ、「間」に気を付けて、(f)簡潔・明瞭に語りかける。

④ ある場所へ案内する際には、相手の空いている手でこちら側の腕、ひじや肩をつかんでもらって、先にたって、案内をする。白杖、腕、ひじや肩をこちらから押したり引っ張ったりしてはいけない。歩道などで段差のある所、階段やエレベーターのある所では、

声をかけて、いったん止まってもらい、回りの安全を確かめてから、ゆっくりと昇り降りをする。

⑤　場所を教える際には、数字、時間や方向などを具体的に明示して説明を行う。例えば、「あと１メートル歩いたら着きます」、「２メートル歩いて、右に回ります」、「あと２メートル歩いて、左に回ります」、「１分歩くと川の音がします」、「あと１分歩いて10歩前進すると車の音がしてきます」、とか「２分歩いて５歩下がると日の光が入ってきます」、などである。

⑥　一緒に歩行している際には、周辺の気象状況、交通状態、人の混雑状況や情景などを教える。

⑦　一時的に側を離れる際には、その理由を伝え、安全な場所に案内をして、その間、待っていてもらう。その場所が以前と変わっていれば、その説明もしておく。

⑧　道に迷っていると思われる際には、「よかったら、御案内します」と声をかける。

⑨　弱視の人の場合も盲の人への対応と同じ配慮が必要であるが、弱視の人は見る力の個人差が大きいので、その人の見る力の状態を慎重に見極めることが大切である。

2　聴覚障害者への対応

聴覚障害のある人に対応する場合には、次の点に十分留意しておくことが大切である。

①　聴覚障害のある人のなかにもさまざまなレベル(読話ができる人、手話ができる人、補聴器が有効に活用できる人など)があるので、どのコミュニケーションの方法を望んでいるのかを把握しておく。

②　説明をする際には、相手が口もとをよく見えるように向き、正面から語りかけるようにする。

③　説明をする際には、(a)親しみやすく、あたたかい微笑を浮かべ、(b)厳しく、叱る様子をしながら、(c)賞賛と感動を込め、(d)個人や全体に向かい、(e)両手を使い、(f)最初に数で切りだしたり、(g)からだ全体をリラックスさせるなど多様な表情や身振り・手振りなどを伴うことが、必要である。このことと同時に、相手のしぐさ、動作や反応などの身体的応答をよくとらえながら、相手の心を読みとるように心がける。

④　相手のいかなる発言に対しても、許容的な態度で受け止める。

⑤　状況によっては、筆談を柔軟に取り入れるようにする。手話や指文字を熟知している人でも、聾学校の子どもの場合、口話を主として教えるので、どのようなときに手話を活用してよいかなど聾学校の教員に相談する必要がある。成人の場合、言葉でわからな

い時には積極的に活用してよい。手話は聴覚障害者独自の言語で、リラックスした状態で相手の意志や感情を瞬時に読み取ることのできるすぐれたコミュニケーションの方法である。

⑥ 相手のことばや意志がわからない時には、わかった振りをしないで、わかるまで努力する。

3 知的障害者への対応

知的障害のある人に対応する場合、次の点に十分留意することが大切である。

① 知的障害は身体障害と異なって、わかりにくい面があり、同時に、障害の程度やタイプ、個性によってさまざまであり、あまり先入観や固定観念をもたない方がよい。

② 知的障害者は全般的に、言葉でのコミュニケーションがとりにくい。したがって、動作、しぐさ、表情や反応などの身体的応答は意味あるものとして、肯定的に受け止めていこうとする姿勢を忘れてはいけない。また、こちらのことばが理解できない場合には、身振り、表情、絵や写真など言葉以外の手段を活用して、こちらの思いや願いを伝えようとする態度を持ち続けなければならない。

③ 特に、障害の重い子どもは、同じ遊びをしていて、遊びがなかなか広がらない。しかしだからといって、違う遊びをさせたりするなど無理強いをさせてはならない。そうではなくて、本人の興味・関心を見極めながら、少しずつ、遊びが広がるようにしていかなければならない。

④ 養護学校や福祉施設では、体を動かす活動が多く取り入れられているので、体を十分に鍛えておく必要がある。

⑤ 相手に対しては、ロゴス(ことば)だけでなくパトス(情動的なもの)でほめることに力点をおかなければならない。つまり、ことばだけでなく、目と顔とからだ全体と声に表情を付けて(頭をなでたり、抱き上げたり、握手したりしながら)ほめなくてはならないのである。

⑥ 知的障害のある人の行動には、便いじりなどの不潔な行為、他人を蹴落としたりする乱暴な行為や高い所へ登るなどの危険な行為などが見られる。その原因は、複雑であるとはいえ、問題行動は本人の自己表現ともとれる。一つの問題行動がやめさせられると次の問題行動が生じてくることが多い。ここで重要なことは、どうして問題行動をやめさせるかではなくて、どうして問題行動が生じてきたかということであり、この点への配慮が必要とされてくる。

4　肢体不自由者への対応

肢体不自由な人に対応する場合、次の点に十分留意しておくことが大切である。

① 肢体不自由というのは、運動、動作、姿勢などがうまくいかない障害である。そのため、抱きかかえて車イスに乗せて移動したり、食事の手伝いをしたり、衣服の着脱を手伝ったりとか排泄の世話したりするなどさまざまな場面で介助しなければならないことがある。この場合、転落させない、食事、衣服や排泄がスムーズに行われるなど細心の注意が払われなければならない。

② 一緒に歩く際には、相手に合わせてゆっくりと歩くことが必要である。

③ 松葉杖などで歩く人の場合には、床が水で濡れていて滑りやすい場所などでは、とくに、注意しておかなければならない。

④ 片マヒがあり、杖をついて歩く人の場合、バランスをなくして、マヒした側に転倒することが多い。そのため、マヒしている側に並んで歩くようにする。

⑤ 車椅子を押す介助をする時があるので、本人に安全の確認を取っておくことが必要である。同時に、車椅子の構造や操作法も前もって知っておかなければならない。

⑥ 脳性マヒの人は、相手の言葉がわかりにくかったり、息苦しそうな声をしたり、首のすわりが不安定である。しかしそのような場合にも、相手の内容を受容的態度でもって、聞き入れようとする姿勢を持ち続けなければならない。

5　病弱・虚弱者への対応

病弱・虚弱な人に対応する場合、次のことに十分留意しておかなければならない。

① 同情や慰めはせず、寛容な態度でつねに明日への夢とロマンがもてるように、プラス志向で接していくことが必要である。たとえば、コップに飲み薬が半分あるという一つの現象を、「まだ、半分もある」と注意するのではなく、「昨日はほとんど飲めてなかったのに、今日はもう半分しかない。君なら飲める。明日はゼロにしよう」とねうちづけ、励ましていくのである。

② 病気やその治療に関する不確かな情報を与えてはいけない。

③ 病弱な人の病名やその友人の病名などは、いかなる場合でも、外部に漏らしてはならない。

④ 病弱・虚弱の人は抵抗力が弱いので、手洗い、うがい、衣服の清潔などに心がけ、細菌やビールスを持ち込まないようにする。

6 高齢者への対応

　高齢の人に対応する場合、次のことに十分留意しておかなければならない。

① お年寄の自尊心を傷つけないようにする。

② お年寄が納得のいく言葉で、配慮されているということが、感じられるように接する。

③ 会話に際しては、共感的に受け入れる姿勢をもち続ける。

④ こちらのペースを押しつけるのではなく、お年寄のペースを受け入れてゆっくりとつき合い、援助・支援するようにする。

⑤ 人生の先輩として、大らかな気持ちでもって、お年寄を尊敬すると同時に、お年寄から学ぶ姿勢を持ち続ける。

引用・参考文献

(1) 斎藤喜博『教育学のすすめ』筑摩書房、1969年。
(2) 竹内敏晴『からだが語ることば』評論社、1982年。
(3) 太田堯『子は天からの授かりもの』太郎次郎社、1986年。
(4) 吉本均編『否定のなかに肯定をみる』(新・教授学のすすめ⑤) 明治図書、1989年。
(5) 福祉心理研究会編『「介護等の体験」－実践ハンドブック－』ブレーン社、1999年。
(6) 髙場昭次『このままでは日本の子どもが危ない－家庭・地域・学校共働の子育て　文化づくり－』ぎょうせい、2001年。

　　　　　　　　　　　　　　　　　　　　　　　　　　　　　　　　　　（三橋謙一郎）

資料　盲・聾・養護学校(または社会福祉施設)記録シートの例

日目	月　　日　　曜日　　天気
体験者の本日の目標	

1日の時間の流れ	活動内容	考えたこと・感じたことなど

本日の反省・感想

指導職員からの指導・指摘（ミーティング時に学生が記入、指導職員の点検を受ける）

| | 指導職員 | 印 |

付録
教育関係の法規（抜粋）

日本国憲法

(昭和21年11月3日憲法)

〔法の下の平等、貴族制の廃止、栄典〕

第14条 すべて国民は、法の下に平等であつて、人種、信条、性別、社会的身分又は門地により、政治的、経済的又は社会的関係において、差別されない。
② 華族その他の貴族の制度は、これを認めない。
③ 栄誉、勲章その他の栄典の授与は、いかなる特権も伴はない。栄典の授与は、現にこれを有し、又は将来これを受ける者の一代に限り、その効力を有する。

〔公務員の選定・罷免権、全体の奉仕者性、普通選挙・秘密投票の保障〕

第15条 公務員を選定し、及びこれを罷免することは、国民固有の権利である。
② すべて公務員は、全体の奉仕者であつて、一部の奉仕者ではない。
③ 公務員の選挙については、成年者による普通選挙を保障する。
④ すべて選挙における投票の秘密は、これを侵してはならない。選挙人は、その選択に関し公的にも私的にも責任を問はれない。

〔信教の自由、政教分離〕

第20条 信教の自由は、何人に対してもこれを保障する。いかなる宗教団体も、国から特権を受け、又は政治上の権力を行使してはならない。
② 何人も、宗教上の行為、祝典、儀式又は行事に参加することを強制されない。
③ 国及びその機関は、宗教教育その他いかなる宗教的活動もしてはならない。

〔学問の自由〕

第23条 学問の自由は、これを保障する。

〔教育を受ける権利・教育の義務〕

第26条 すべて国民は、法律の定めるところにより、その能力に応じて、ひとしく教育を受ける権利を有する。
② すべて国民は、法律の定めるところにより、その保護する子女に普通教育を受けさせる義務を負ふ。義務教育は、これを無償とする。

〔公の財産の支出・利用提供の制限〕

第89条 公金その他の公の財産は、宗教上の組織若しくは団体の使用、便益若しくは維持のため、又は公の支配に属しない慈善、教育若しくは博愛の事業に対し、これを支出し、又はその利用に供してはならない。

教育基本法

(昭和22年3月31日法律第25号)

われらは、さきに、日本国憲法を確定し、民主的で文化的な国家を建設して、世界の平和と人類の福祉に貢献しようとする決意を示した。この理想の実現は、根本において教育の力にまつべきものである。

われらは、個人の尊厳を重んじ、真理と平和を希求する人間の育成を期するとともに、普遍的にしてしかも個性ゆたかな文化の創造をめざす教育を普及徹底しなければならない。

ここに、日本国憲法の精神に則り、教育の目的を明示して、新しい日本の教育の基本を確立するため、この法律を制定する。

第1条(教育の目的) 教育は、人格の完成をめざし、平和的な国家及び社会の形成者として、真理と正義を愛し、個人の価値をたつとび、勤労と責任を重んじ、自主的精神に充ちた心身ともに健康な国民の育成を期して行われなければならない。

第2条(教育の方針) 教育の目的は、あらゆる機会に、あらゆる場所において実現されなければならない。この目的を達成するためには、学問の自由を尊重し、実際生活に即し、自発的精神を養い、自他の敬愛と協力によつて、文化の創造と発展に貢献するように努めなければならない。

第3条(教育の機会均等) すべて国民は、ひとしく、その能力に応ずる教育を受ける機会を与えられなければならないものであつて、人種、信条、性別、社会的身分、経済的地位又は門地によつて、教育上差別されない。
② 国及び地方公共団体は、能力があるにもかかわらず、経済的理由によつて修学困難な者に対して、奨学の方法を講じなければならない。

第4条(義務教育) 国民は、その保護する子女に、

九年の普通教育を受けさせる義務を負う。
② 国又は地方公共団体の設置する学校における義務教育については、授業料は、これを徴収しない。

第5条(男女共学) 男女は、互に敬重し、協力し合わなければならないものであつて、教育上男女の共学は、認められなければならない。

第6条(学校教育) 法律に定める学校は、公の性質をもつものであつて、国又は地方公共団体の外、法律に定める法人のみが、これを設置することができる。
② 法律に定める学校の教員は、全体の奉仕者であつて、自己の使命を自覚し、その職責の遂行に努めなければならない。このためには、教員の身分は、尊重され、その待遇の適正が、期せられなければならない。

第7条(社会教育) 家庭教育及び勤労の場所その他社会において行われる教育は、国及び地方公共団体によつて奨励されなければならない。
② 国及び地方公共団体は、図書館、博物館、公民館等の施設の設置、学校の施設の利用その他適当な方法によつて教育の目的の実現に努めなければならない。

第8条(政治教育) 良識ある公民たるに必要な政治的教養は、教育上これを尊重しなければならない。
② 法律に定める学校は、特定の政党を支持し、又はこれに反対するための政治教育その他政治的活動をしてはならない。

第9条(宗教教育) 宗教に関する寛容の態度及び宗教の社会生活における地位は、教育上これを尊重しなければならない。
② 国及び地方公共団体が設置する学校は、特定の宗教のための宗教教育その他宗教的活動をしてはならない。

第10条(教育行政) 教育は、不当な支配に服することなく、国民全体に対し直接に責任を負つて行われるべきものである。
② 教育行政は、この自覚のもとに、教育の目的を遂行するに必要な諸条件の整備確立を目標として行われなければならない。

第11条(補則) この法律に掲げる諸条項を実施するために必要がある場合には、適当な法令が制定されなければならない。

学校教育法

(昭和22年3月31日法律第26号)
最終改正:平成14年5月31日法律第55号

第1条 この法律で、学校とは、小学校、中学校、高等学校、中等教育学校、大学、高等専門学校、盲学校、聾学校、養護学校及び幼稚園とする。

第2条 学校は、国、地方公共団体及び私立学校法第三条に規定する学校法人(以下学校法人と称する。)のみが、これを設置することができる。
② この法律で、国立学校とは、国の設置する学校を、公立学校とは、地方公共団体の設置する学校を、私立学校とは、学校法人の設置する学校をいう。
③ 第1項の規定にかかわらず、放送大学学園は、大学を設置することができる。

第6条 学校においては、授業料を徴収することができる。ただし、国立又は公立の小学校及び中学校、これらに準ずる盲学校、聾学校及び養護学校又は中等教育学校の前期課程における義務教育については、これを徴収することができない。

第9条 次の各号のいずれかに該当する者は、校長又は教員となることができない。
 1 成年被後見人又は被保佐人
 2 禁錮以上の刑に処せられた者
 3 免許状取上げの処分を受け、二年を経過しない者
 4 日本国憲法施行の日以後において、日本国憲法又はその下に成立した政府を暴力で破壊することを主張する政党その他の団体を結成し、又はこれに加入した者

第11条 校長及び教員は、教育上必要があると認めるときは、文部科学大臣の定めるところにより、学生、生徒及び児童に懲戒を加えることができる。ただし、体罰を加えることはできない。

第12条　学校においては、別に法律で定めるところにより、学生、生徒、児童及び幼児並びに職員の健康の保持増進を図るため、健康診断を行い、その他その保健に必要な措置を講じなければならない。

第17条　小学校は、心身の発達に応じて、初等普通教育を施すことを目的とする。

第18条　小学校における教育については、前条の目的を実現するために、次の各号に掲げる目標の達成に努めなければならない。
1　学校内外の社会生活の経験に基き、人間相互の関係について、正しい理解と協同、自主及び自律の精神を養うこと。
2　郷土及び国家の現状と伝統について、正しい理解に導き、進んで国際協調の精神を養うこと。
3　日常生活に必要な衣、食、住、産業等について、基礎的な理解と技能を養うこと。
4　日常生活に必要な国語を、正しく理解し、使用する能力を養うこと。
5　日常生活に必要な数量的な関係を、正しく理解し、処理する能力を養うこと。
6　日常生活における自然現象を科学的に観察し、処理する能力を養うこと。
7　健康、安全で幸福な生活のために必要な習慣を養い、心身の調和的発達を図ること。
8　生活を明るく豊かにする音楽、美術、文芸等について、基礎的な理解と技能を養うこと。

第18条の2　小学校においては、前条各号に掲げる目標の達成に資するよう、教育指導を行うに当たり、児童の体験的な学習活動、特にボランティア活動など社会奉仕体験活動、自然体験活動その他の体験活動の充実に努めるものとする。この場合において、社会教育関係団体その他の関係団体及び関係機関との連携に十分配慮しなければならない。

第21条　小学校においては、文部科学大臣の検定を経た教科用図書又は文部科学省が著作の名義を有する教科用図書を使用しなければならない。
②　前項の教科用図書以外の図書その他の教材で、有益適切なものは、これを使用することができる。
③　第1項の検定の申請に係る教科用図書に関し調査審議させるための審議会等(国家行政組織法(昭和23年法律第120号)第8条に規定する機関をいう。以下同じ。)については、政令で定める。

第22条　保護者(子女に対して親権を行う者、親権を行う者のないときは、未成年後見人をいう。以下同じ。)は、子女の満六歳に達した日の翌日以後における最初の学年の初めから、満12歳に達した日の属する学年の終わりまで、これを小学校又は盲学校、聾学校若しくは養護学校の小学部に就学させる義務を負う。ただし、子女が、満12歳に達した日の属する学年の終わりまでに小学校又は盲学校、聾学校若しくは養護学校の小学部の課程を修了しないときは、満15歳に達した日の属する学年の終わり(それまでの間において当該課程を修了したときは、その修了した日の属する学年の終わり)までとする。
②　前項の義務履行の督促その他義務に関し必要な事項は、政令でこれを定める。

第23条　前条の規定によつて、保護者が就学させなければならない子女(以下学齢児童と称する。)で、病弱、発育不完全その他やむを得ない事由のため、就学困難と認められる者の保護者に対しては、市町村の教育委員会は、文部科学大臣の定める規程により、前条第1項に規定する義務を猶予又は免除することができる。

第25条　経済的理由によつて、就学困難と認められる学齢児童の保護者に対しては、市町村は、必要な援助を与えなければならない。

第26条　市町村の教育委員会は、次に掲げる行為の1又は2以上を繰り返し行う等性行不良であつて他の児童の教育に妨げがあると認める児童があるときは、その保護者に対して、児童の出席停止を命ずることができる。
1　他の児童に傷害、心身の苦痛又は財産上の損失を与える行為
2　職員に傷害又は心身の苦痛を与える行為
3　施設又は設備を損壊する行為
4　授業その他の教育活動の実施を妨げる行為
②　市町村の教育委員会は、前項の規定により

出席停止を命ずる場合には、あらかじめ保護者の意見を聴取するとともに、理由及び期間を記載した文書を交付しなければならない。
③　前項に規定するもののほか、出席停止の命令の手続に関し必要な事項は、教育委員会規則で定めるものとする。
④　市町村の教育委員会は、出席停止の命令に係る児童の出席停止の期間における学習に対する支援その他の教育上必要な措置を講ずるものとする。

第28条　小学校には、校長、教頭、教諭、養護教諭及び事務職員を置かなければならない。ただし、特別の事情のあるときは、教頭又は事務職員を置かないことができる。
②　小学校には、前項のほか、必要な職員を置くことができる。
③　校長は、校務をつかさどり、所属職員を監督する。
④　教頭は、校長を助け、校務を整理し、及び必要に応じ児童の教育をつかさどる。
⑤　教頭は、校長に事故があるときはその職務を代理し、校長が欠けたときはその職務を行なう。この場合において教頭が2人以上あるときは、あらかじめ校長が定めた順序で、その職務を代理し、又は行なう。
⑥　教諭は、児童の教育をつかさどる。
⑦　養護教諭は、児童の養護をつかさどる。
⑧　事務職員は、事務に従事する。
⑨　助教諭は、教諭の職務を助ける。
⑩　講師は、教諭又は助教諭に準ずる職務に従事する。
⑪　養護助教諭は、養護教諭の職務を助ける。
⑫　特別の事情のあるときは、第1項の規定にかかわらず、教諭に代えて助教諭又は講師を、養護教諭に代えて養護助教諭を置くことができる。

第35条　中学校は、小学校における教育の基礎の上に、心身の発達に応じて、中等普通教育を施すことを目的とする。

第36条　中学校における教育については、前条の目的を実現するために、次の各号に掲げる目標の達成に努めなければならない。
　1　小学校における教育の目標をなお充分に達成して、国家及び社会の形成者として必要な資質を養うこと。
　2　社会に必要な職業についての基礎的な知識と技能、勤労を重んずる態度及び個性に応じて将来の進路を選択する能力を養うこと。
　3　学校内外における社会的活動を促進し、その感情を正しく導き、公正な判断力を養うこと。

第39条　保護者は、子女が小学校又は盲学校、聾学校若しくは養護学校の小学部の課程を修了した日の翌日以後における最初の学年の初めから、満15才に達した日の属する学年の終わりまで、これを、中学校、中等教育学校の前期課程又は盲学校、聾学校若しくは養護学校の中学部に就学させる義務を負う。
②　前項の規定によつて保護者が就学させなければならない子女は、これを学齢生徒と称する。
③　第22条第2項及び第23条の規定は、第1項の規定による義務に、これを準用する。

第41条　高等学校は、中学校における教育の基礎の上に、心身の発達に応じて、高等普通教育及び専門教育を施すことを目的とする。

第42条　高等学校における教育については、前条の目的を実現するために、次の各号に掲げる目標の達成に努めなければならない。
　1　中学校における教育の成果をさらに発展拡充させて、国家及び社会の有為な形成者として必要な資質を養うこと。
　2　社会において果さなければならない使命の自覚に基き、個性に応じて将来の進路を決定させ、一般的な教養を高め、専門的な技能に習熟させること。
　3　社会について、広く深い理解と健全な批判力を養い、個性の確立に努めること。

第50条　高等学校には、校長、教頭、教諭及び事務職員を置かなければならない。
②　高等学校には、前項のほか、養護教諭、養護助教諭、実習助手、技術職員その他必要な職員を置くことができる。
③　実習助手は、実験又は実習について、教諭の職務を助ける。
④　特別の事情のあるときは、第1項の規定にかかわらず、教諭に代えて助教諭又は講師を置くことができる。
⑤　技術職員は、技術に従事する。

第51条の2　中等教育学校は、小学校における教育の基礎の上に、心身の発達に応じて、中等普通教育並びに高等普通教育及び専門教育を一貫して施すことを目的とする。

第51条の3　中等教育学校における教育については、前条の目的を実現するために、次に掲げる目標の達成に努めなければならない。
　1　国家及び社会の有為な形成者として必要な資質を養うこと。
　2　社会において果たさなければならない使命の自覚に基づき、個性に応じて将来の進路を決定させ、一般的な教養を高め、専門的な技能に習熟させること。
　3　社会について、広く深い理解と健全な批判力を養い、個性の確立に努めること。

第51条の8　中等教育学校には、校長、教頭、教諭、養護教諭及び事務職員を置かなければならない。
②　中等教育学校には、前項に規定するもののほか、実習助手、技術職員その他必要な職員を置くことができる。
③　特別の事情のあるときは、第1項の規定にかかわらず、教諭に代えて助教諭又は講師を、養護教諭に代えて養護助教諭を置くことができる。

第52条　大学は、学術の中心として、広く知識を授けるとともに、深く専門の学芸を教授研究し、知的、道徳的及び応用的能力を展開させることを目的とする。

第52条の2　大学は、通信による教育を行うことができる。

第71条　盲学校、聾学校又は養護学校は、それぞれ盲者(強度の弱視者を含む。以下同じ。)、聾者(強度の難聴者を含む。以下同じ。)又は知的障害者、肢体不自由者若しくは病弱者(身体虚弱者を含む。以下同じ。)に対して、幼稚園、小学校、中学校又は高等学校に準ずる教育を施し、あわせてその欠陥を補うために、必要な知識技能を授けることを目的とする。

第75条　小学校、中学校、高等学校及び中等教育学校には、次の各号のいずれかに該当する児童及び生徒のために、特殊学級を置くことができる。
　1　知的障害者
　2　肢体不自由者
　3　身体虚弱者
　4　弱視者
　5　難聴者
　6　その他心身に故障のある者で、特殊学級において教育を行うことが適当なもの
②　前項に掲げる学校は、疾病により療養中の児童及び生徒に対して、特殊学級を設け、又は教員を派遣して、教育を行うことができる。

第77条　幼稚園は、幼児を保育し、適当な環境を与えて、その心身の発達を助長することを目的とする。

第78条　幼稚園は、前条の目的を実現するために、次の各号に掲げる目標の達成に努めなければならない。
　1　健康、安全で幸福な生活のために必要な日常の習慣を養い、身体諸機能の調和的発達を図ること。
　2　園内において、集団生活を経験させ、喜んでこれに参加する態度と協同、自主及び自律の精神の芽生えを養うこと。
　3　身辺の社会生活及び事象に対する正しい理解と態度の芽生えを養うこと。
　4　言語の使い方を正しく導き、童話、絵本等に対する興味を養うこと。
　5　音楽、遊戯、絵画その他の方法により、創作的表現に対する興味を養うこと。

第81条　幼稚園には、園長、教頭及び教諭を置かなければならない。ただし、特別の事情のあるときは、教頭を置かないことができる。
②　幼稚園には、前項のほか、養護教諭、養護助教諭その他必要な職員を置くことができる。
③　園長は、園務をつかさどり、所属職員を監督する。
④　教頭は、園長を助け、園務を整理し、及び必要に応じ幼児の保育をつかさどる。
⑤　特別の事情のあるときは、第1項の規定にかかわらず、教諭に代えて助教諭又は講師を置くことができる。
⑥　教諭は、幼児の保育をつかさどる。

教育公務員特例法

(昭和24年1月12日法律第1号)

最終改正：平成14年6月12日法律第63号

（定義）
第2条 この法律で「教育公務員」とは、学校教育法（昭和22年法律第26号）第1条に定める学校で、同法第2条に定める国立学校及び公立学校の学長、校長（園長を含む。以下同じ。）、教員及び部局長並びに教育委員会の教育長及び専門的教育職員をいう。
2　この法律で「教員」とは、前項の学校の教授、助教授、教頭、教諭、助教諭、養護教諭、養護助教諭及び講師（常時勤務の者及び国家公務員法（昭和22年法律第120号）第81条の5第1項に規定する短時間勤務の官職又は地方公務員法（昭和25年法律第261号）第28条の5第1項に規定する短時間勤務の職を占める者に限る。第20条の2第3項を除き、以下同じ。）をいう。
3　この法律で「部局長」とは、大学の副学長、学部長その他政令で指定する部局の長をいう。
4　この法律で「評議会」とは、国立大学にあつては国立学校設置法（昭和24年法律第150号）第7条の3に規定する評議会をいい、公立大学にあつてはその大学を設置する地方公共団体の定めるところにより学長、学部長その他の者で構成する会議をいう。
5　この法律で「専門的教育職員」とは、指導主事及び社会教育主事をいう。

（身分）
第3条　国立学校の学長、校長、教員及び部局長は国家公務員、公立学校の学長、校長、教員及び部局長並びに教育長及び専門的教育職員は地方公務員としての身分を有する。

（採用及び昇任の方法）
第13条　校長の採用並びに教員の採用及び昇任は、選考によるものとし、その選考は、大学附置の学校にあつてはその大学の学長、大学附置の学校以外の国立学校にあつては文部科学大臣、大学附置の学校以外の公立学校にあつてはその校長及び教員の任命権者である教育委員会の教育長が行う。
2　文部科学大臣は、前項の選考の権限を校長に委任することができる。

（条件附任用）
第13条の2　国立の小学校、中学校、高等学校、中等教育学校、盲学校、聾学校、養護学校及び幼稚園（以下「小学校等」という。）の教諭、助教諭及び講師（以下「教諭等」という。）に係る国家公務員法第59条第1項に規定する採用については、同項中「6月を下らない期間」とあるのは「1年」として同項の規定を適用する。
2　公立の小学校等の教諭等に係る地方公務員法第22条第1項に規定する採用については、同項中「6月」とあるのは「1年」として同項の規定を適用する。
3　地方教育行政の組織及び運営に関する法律（昭和31年法律第162号）第40条に定める場合のほか、公立の小学校等の校長又は教員で地方公務員法第22条第1項（前項の規定において読み替えて適用する場合を含む。）の規定により正式任用になつている者が、引き続き同一都道府県内の公立の小学校等の校長又は教員に任用された場合には、その任用については、同条同項の規定は適用しない。

（研修）
第19条　教育公務員は、その職責を遂行するために、絶えず研究と修養に努めなければならない。
2　教育公務員の任命権者は、教育公務員の研修について、それに要する施設、研修を奨励するための方途その他研修に関する計画を樹立し、その実施に努めなければならない。

（研修の機会）
第20条　教育公務員には、研修を受ける機会が与えられなければならない。
2　教員は、授業に支障のない限り、本属長の承認を受けて、勤務場所を離れて研修を行うことができる。
3　教育公務員は、任命権者の定めるところにより、現職のままで、長期にわたる研修を受けることができる。

（初任者研修）
第20条の2　小学校等の教諭等の任命権者は、小学校等の教諭等（政令で指定する者を除く。）に対して、その採用の日から1年間の教諭の職務の遂行に必要な事項に関する実践的な研修（以下「初任者研修」という。）を実施しなければならない。
2　任命権者が定める初任者研修に関する計画は、教員の経験に応じて実施する体系的な研修の一環をなすものとして樹立されなければ

ならない。
3 任命権者(地方教育行政の組織及び運営に関する法律第37条第1項に規定する県費負担教職員については、市町村(特別区を含む。)の教育委員会。第21条第1項において同じ。)は、初任者研修を受ける者(次項において「初任者」という。)の所属する学校の教頭、教諭又は講師のうちから、指導教員を命じるものとする。
4 指導教員は、初任者に対して教諭の職務の遂行に必要な事項について指導及び助言を行うものとする。

地方公務員法

(昭和25年12月13日法律第261号)
最終改正:平成13年7月11日法律第112号

(平等取扱の原則)
第13条 すべて国民は、この法律の適用について、平等に取り扱われなければならず、人種、信条、性別、社会的身分若しくは門地によつて、又は第16条第5号に規定する場合を除く外、政治的意見若しくは政治的所属関係によつて差別されてはならない。

(降任、免職、休職等)
第28条 職員が、左の各号の一に該当する場合においては、その意に反して、これを降任し、又は免職することができる。
1 勤務実績が良くない場合
2 心身の故障のため、職務の遂行に支障があり、又はこれに堪えない場合
3 前二号に規定する場合の外、その職に必要な適格性を欠く場合
4 職制若しくは定数の改廃又は予算の減少により廃職又は過員を生じた場合
2 職員が、左の各号の一に該当する場合においては、その意に反してこれを休職することができる。
1 心身の故障のため、長期の休養を要する場合
2 刑事事件に関し起訴された場合
3 職員の意に反する降任、免職、休職及び降給の手続及び効果は、法律に特別の定がある場合を除く外、条例で定めなければならない。
4 職員は、第16条各号(第3号を除く。)の一に該当するに至つたときは、条例に特別の定がある場合を除く外、その職を失う。

(懲戒)
第29条 職員が次の各号の一に該当する場合においては、これに対し懲戒処分として戒告、減給、停職又は免職の処分をすることができる。
1 この法律若しくは第57条に規定する特例を定めた法律又はこれに基く条例、地方公共団体の規則若しくは地方公共団体の機関の定める規程に違反した場合
2 職務上の義務に違反し、又は職務を怠つた場合
3 全体の奉仕者たるにふさわしくない非行のあつた場合
2 職員が、任命権者の要請に応じ当該地方公共団体の特別職に属する地方公務員、他の地方公共団体の地方公務員、国家公務員又は地方公社(地方住宅供給公社、地方道路公社及び土地開発公社をいう。)その他その業務が地方公共団体若しくは国の事務若しくは事業と密接な関連を有する法人のうち条例で定めるものに使用される者(以下この項において「特別職地方公務員等」という。)となるため退職し、引き続き特別職地方公務員等として在職した後、引き続いて当該退職を前提として職員として採用された場合(一の特別職地方公務員等として在職した後、引き続き一以上の特別職地方公務員等として在職し、引き続いて当該退職を前提として職員として採用された場合を含む。)において、当該退職までの引き続く職員としての在職期間(当該退職前に同様の退職(以下この項において「先の退職」という。)、特別職地方公務員等としての在職及び職員としての採用がある場合には、当該先の退職までの引き続く職員としての在職期間を含む。次項において「要請に応じた退職前の在職期間」という。)中に前項各号の一に該当したときは、これに対し同項に規定する懲戒処分を行うことができる。
3 職員が、第28条の4第1項又は第28条の5第1項の規定により採用された場合において、定年退職者等となつた日までの引き続く職員としての在職期間(要請に応じた退職前の在職期間を含む。)又はこれらの規定によりかつて採用されて職員として在職していた期間中に第1項各号の一に該当したときは、これに対し同項に規定する懲戒処分を行うことができる。
4 職員の懲戒の手続及び効果は、法律に特別の定がある場合を除く外、条例で定めなけれ

ばならない。

(服務の根本基準)
第30条　すべて職員は、全体の奉仕者として公共の利益のために勤務し、且つ、職務の遂行に当つては、全力を挙げてこれに専念しなければならない。

(服務の宣誓)
第31条　職員は、条例の定めるところにより、服務の宣誓をしなければならない。

(法令等及び上司の職務上の命令に従う義務)
第32条　職員は、その職務を遂行するに当つて、法令、条例、地方公共団体の規則及び地方公共団体の機関の定める規程に従い、且つ、上司の職務上の命令に忠実に従わなければならない。

(信用失墜行為の禁止)
第33条　職員は、その職の信用を傷つけ、又は職員の職全体の不名誉となるような行為をしてはならない。

(秘密を守る義務)
第34条　職員は、職務上知り得た秘密を漏らしてはならない。その職を退いた後も、また、同様とする。
2　法令による証人、鑑定人等となり、職務上の秘密に属する事項を発表する場合においては、任命権者(退職者については、その退職した職又はこれに相当する職に係る任命権者)の許可を受けなければならない。
3　前項の許可は、法律に特別の定がある場合を除く外、拒むことができない。

(職務に専念する義務)
第35条　職員は、法律又は条例に特別の定がある場合を除く外、その勤務時間及び職務上の注意力のすべてをその職責遂行のために用い、当該地方公共団体がなすべき責を有する職務にのみ従事しなければならない。

(政治的行為の制限)
第36条　職員は、政党その他の政治的団体の結成に関与し、若しくはこれらの団体の役員となつてはならず、又はこれらの団体の構成員となるように、若しくはならないように勧誘運動をしてはならない。
2　職員は、特定の政党その他の政治的団体又は特定の内閣若しくは地方公共団体の執行機関を支持し、又はこれに反対する目的をもつて、あるいは公の選挙又は投票において特定の人又は事件を支持し、又はこれに反対する目的をもつて、左に掲げる政治的行為をしてはならない。但し、当該職員の属する地方公共団体の区域(当該職員が都道府県の支庁若しくは地方事務所又は地方自治法第252条の19第1項の指定都市の区に勤務する者であるときは、当該支庁若しくは地方事務所又は区の所管区域)外において、第1号から第3号まで及び第5号に掲げる政治的行為をすることができる。
　1　公の選挙又は投票において投票をするように、又はしないように勧誘運動をすること。
　2　署名運動を企画し、又は主宰する等これに積極的に関与すること。
　3　寄附金その他の金品の募集に関与すること。
　4　文書又は図画を地方公共団体の庁舎、施設等に掲示し、又は掲示させ、その他地方公共団体の庁舎、施設、資材又は資金を利用し、又は利用させること。
　5　前各号に定めるものを除く外、条例で定める政治的行為
3　何人も前二項に規定する政治的行為を行うよう職員に求め、職員をそそのかし、若しくはあおつてはならず、又は職員が前二項に規定する政治的行為をなし、若しくはなさないことに対する代償若しくは報復として、任用、職務、給与その他職員の地位に関してなんらかの利益若しくは不利益を与え、与えようと企て、若しくは約束してはならない。
4　職員は、前項に規定する違法な行為に応じなかつたことの故をもつて不利益な取扱を受けることはない。
5　本条の規定は、職員の政治的中立性を保障することにより、地方公共団体の行政の公正な運営を確保するとともに職員の利益を保護することを目的とするものであるという趣旨において解釈され、及び運用されなければならない。

(争議行為等の禁止)
第37条　職員は、地方公共団体の機関が代表す

る使用者としての住民に対して同盟罷業、怠業その他の争議行為をし、又は地方公共団体の機関の活動能率を低下させる怠業的行為をしてはならない。又、何人も、このような違法な行為を企て、又はその遂行を共謀し、そそのかし、若しくはあおつてはならない。
2　職員で前項の規定に違反する行為をしたものは、その行為の開始とともに、地方公共団体に対し、法令又は条例、地方公共団体の規則若しくは地方公共団体の機関の定める規程に基いて保有する任命上又は雇用上の権利をもつて対抗することができなくなるものとする。

(営利企業等の従事制限)
第38条　職員は、任命権者の許可を受けなければ、営利を目的とする私企業を営むことを目的とする会社その他の団体の役員その他人事委員会規則(人事委員会を置かない地方公共団体においては、地方公共団体の規則)で定める地位を兼ね、若しくは自ら営利を目的とする私企業を営み、又は報酬を得ていかなる事業若しくは事務にも従事してはならない。
2　人事委員会は、人事委員会規則により前項の場合における任命権者の許可の基準を定めることができる。

(研修)
第39条　職員には、その勤務能率の発揮及び増進のために、研修を受ける機会が与えられなければならない。
2　前項の研修は、任命権者が行うものとする。
3　人事委員会は、研修に関する計画の立案その他研修の方法について任命権者に勧告することができる。

地方教育行政の組織及び運営に関する法律

(昭和31年6月30日法律第162号)
最終改正：平成14年6月12日法律第63号

(組織)
第3条　教育委員会は、5人の委員をもつて組織する。ただし、条例で定めるところにより、都道府県若しくは地方自治法(昭和22年法律第67号)第252条の19第1項の指定都市(以下「指定都市」という。)又は地方公共団体の組合のうち都道府県若しくは指定都市が加入するものの教育委員会にあつては六人の委員、町村又は地方公共団体の組合のうち町村のみが加入するもの(次条第3項及び第7条第2項から第4項までにおいて単に「町村」という。)の教育委員会にあつては三人の委員をもつて組織することができる。

(教育長)
第16条　教育委員会に、教育長を置く。
2　教育長は、第6条の規定にかかわらず、当該教育委員会の委員(委員長を除く。)である者のうちから、教育委員会が任命する。
3　教育長は、委員としての任期中在任するものとする。ただし、地方公務員法第27条、第28条及び第29条の規定の適用を妨げない。
4　教育長は、委員の職を辞し、失い、又は罷免された場合においては、当然に、その職を失うものとする。

(教育長の職務)
第17条　教育長は、教育委員会の指揮監督の下に、教育委員会の権限に属するすべての事務をつかさどる。
2　教育長は、教育委員会のすべての会議に出席し、議事について助言する。
3　教育長は、自己、配偶者若しくは三親等以内の親族の一身上に関する事件又は自己若しくはこれらの者の従事する業務に直接の利害関係のある事件についての議事が行われる場合においては、前項の規定にかかわらず、教育委員会の会議に出席することができない。ただし、委員として第13条第5項ただし書の規定の適用があるものとする。

(指導主事その他の職員)
第19条　都道府県に置かれる教育委員会(以下「都道府県委員会」という。)の事務局に、指導主事、事務職員、技術職員その他の所要の職員を置く。
2　市町村に置かれる教育委員会(以下「市町村委員会」という。)の事務局に、前項の規定に準じて所要の職員を置く。
3　指導主事は、上司の命を受け、学校(学校教育法(昭和22年法律第26号)第1条に規定する学校をいう。以下同じ。)における教育課程、学習指導その他学校教育に関する専門的事項の指導に関する事務に従事する。
4　指導主事は、教育に関し識見を有し、かつ、学校における教育課程、学習指導その他学校

教育に関する専門的事項について教養と経験がある者でなければならない。指導主事は、大学以外の公立学校（地方公共団体が設置する学校をいう。以下同じ。）の教員（教育公務員特例法（昭和24年法律第1号）第2条第2項に規定する教員をいう。以下同じ。）をもつて充てることができる。

5　事務職員は、上司の命を受け、事務に従事する。

6　技術職員は、上司の命を受け、技術に従事する。

7　第1項及び第2項の職員は、教育長の推薦により、教育委員会が任命する。

8　教育委員会は、事務局の職員のうち所掌事務に係る教育行政に関する相談に関する事務を行う職員を指定し、これを公表するものとする。

9　前各項に定めるもののほか、教育委員会の事務局に置かれる職員に関し必要な事項は、政令で定める。

(教育委員会の職務権限)

第23条　教育委員会は、当該地方公共団体が処理する教育に関する事務で、次に掲げるものを管理し、及び執行する。

1　教育委員会の所管に属する第30条に規定する学校その他の教育機関（以下「学校その他の教育機関」という。）の設置、管理及び廃止に関すること。

2　学校その他の教育機関の用に供する財産（以下「教育財産」という。）の管理に関すること。

3　教育委員会及び学校その他の教育機関の職員の任免その他の人事に関すること。

4　学齢生徒及び学齢児童の就学並びに生徒、児童及び幼児の入学、転学及び退学に関すること。

5　学校の組織編制、教育課程、学習指導、生徒指導及び職業指導に関すること。

6　教科書その他の教材の取扱いに関すること。

7　校舎その他の施設及び教具その他の設備の整備に関すること。

8　校長、教員その他の教育関係職員の研修に関すること。

9　校長、教員その他の教育関係職員並びに生徒、児童及び幼児の保健、安全、厚生及び福利に関すること。

10　学校その他の教育機関の環境衛生に関すること。

11　学校給食に関すること。

12　青少年教育、女性教育及び公民館の事業その他社会教育に関すること。

13　スポーツに関すること。

14　文化財の保護に関すること。

15　ユネスコ活動に関すること。

16　教育に関する法人に関すること。

17　教育に係る調査及び指定統計その他の統計に関すること。

18　所掌事務に係る広報及び所掌事務に係る教育行政に関する相談に関すること。

19　前各号に掲げるもののほか、当該地方公共団体の区域内における教育に関する事務に関すること。

(教育機関の職員の任命)

第34条　教育委員会の所管に属する学校その他の教育機関の校長、園長、教員、事務職員、技術職員その他の職員は、この法律に特別の定がある場合を除き、教育長の推薦により、教育委員会が任命する。

(服務の監督)

第43条　市町村委員会は、県費負担教職員の服務を監督する。

2　県費負担教職員は、その職務を遂行するに当つて、法令、当該市町村の条例及び規則並びに当該市町村委員会の定める教育委員会規則及び規程（前条又は次項の規定によつて都道府県が制定する条例を含む。）に従い、かつ、市町村委員会その他職務上の上司の職務上の命令に忠実に従わなければならない。

3　県費負担教職員の任免、分限又は懲戒に関して、地方公務員法の規定により条例で定めるものとされている事項は、都道府県の条例で定める。

4　都道府県委員会は、県費負担教職員の任免その他の進退を適切に行うため、市町村委員会の行う県費負担教職員の服務の監督又は前条、前項若しくは第47条の3第1項の規定により都道府県が制定する条例若しくは同条第2項の都道府県の定めの実施について、技術的な基準を設けることができる。

小学校及び中学校の教諭の普通免許状授与に係る教育職員免許法の特例等に関する法律施行規則

（平成9年11月26日文部省令第40号）
最終改正：平成14年3月1日文部科学省令第3号

（介護等の体験の期間）
第1条　小学校及び中学校の教諭の普通免許状授与に係る教育職員免許法の特例等に関する法律（以下「特例法」という。）第2条第1項の文部科学省令で定める期間は、7日間とする。

（介護等の体験を行う施設）
第2条　特例法第2条第1項の文部科学大臣が定める施設は、次のとおりとする。
　1　児童福祉法（昭和22年法律第164号）に規定する乳児院、母子生活支援施設、児童養護施設、知的障害児施設、知的障害児通園施設、盲ろうあ児施設、肢体不自由児施設、重症心身障害児施設、情緒障害児短期治療施設及び児童自立支援施設
　2　身体障害者福祉法（昭和24年法律第283号）に規定する身体障害者更生施設、身体障害者療護施設及び身体障害者授産施設
　3　精神保健及び精神障害者福祉に関する法律（昭和25年法律第123号）に規定する精神障害者生活訓練施設、精神障害者授産施設及び精神障害者福祉工場
　4　生活保護法（昭和25年法律第144号）に規定する救護施設、更生施設及び授産施設
　5　社会福祉法（昭和26年法律第45号）に規定する授産施設
　6　知的障害者福祉法（昭和35年法律第37号）に規定する知的障害者更生施設及び知的障害者授産施設
　7　老人福祉法（昭和38年法律第133号）に規定する老人デイサービスセンター、老人短期入所施設、養護老人ホーム及び特別養護老人ホーム
　8　心身障害者福祉協会法（昭和45年法律第44号）第17条第1項第1号に規定する福祉施設
　9　老人保健法（昭和57年法律第80号）に規定する老人保健施設
　10　前9号に掲げる施設に準ずる施設として文部科学大臣が認める施設

（介護等の体験を免除する者）
第3条　特例法第2条第3項に規定する介護等に関する専門的知識及び技術を有する者として文部科学省令で定めるものは次の各号の1に該当する者とする。
　1　保健師助産師看護師法（昭和23年法律第203号）第7条の規定により保健師の免許を受けている者
　2　保健師助産師看護師法第7条の規定により助産師の免許を受けている者
　3　保健師助産師看護師法第7条の規定により看護師の免許を受けている者
　4　保健師助産師看護師法第8条の規定により准看護師の免許を受けている者
　5　教育職員免許法（昭和24年法律第147号）第5条第1項の規定により盲学校、聾学校又は養護学校の教員の免許を受けている者
　6　理学療法士及び作業療法士法（昭和40年法律第137号）第3条の規定により理学療法士の免許を受けている者
　7　理学療法士及び作業療法士法第3条の規定により作業療法士の免許を受けている者
　8　社会福祉士及び介護福祉士法（昭和62年法律第30号）第4条の規定により社会福祉士の資格を有する者
　9　社会福祉士及び介護福祉士法第三十九条の規定により介護福祉士の資格を有する者
　10　義肢装具士法（昭和62年法律第61号）第3条の規定により義肢装具士の免許を受けている者
2　特例法第2条第3項に規定する身体上の障害により介護等の体験を行うことが困難な者として文部科学省令で定めるものは、身体障害者福祉法第4条に規定する身体障害者のうち、同法第15条第4項の規定により交付を受けた身体障害者手帳に、障害の程度が一級から六級である者として記載されている者とする。

（介護等の体験に関する証明書）
第4条　小学校又は中学校の教諭の普通免許状の授与を受けようとする者は、教育職員免許法第5条第6項に規定する授与権者に申請するにあたっては、介護等の体験を行った学校又は施設の長が発行する介護等の体験に関する証明書を提出するものとする。
2　学校又は施設の長は、小学校又は中学校の普通免許状の授与を受けようとする者から請求があったときは、その者の介護等の体験に関する証明書を発行しなければならない。
3　証明書の様式は、別記様式のとおりとする。

（露口健司）

執筆者一覧

第1章	山﨑 英則*	神戸親和女子大学
第2章	三橋 謙一郎	徳島文理大学
第3章	佐藤 隆*	都留文科大学
第4章	北川 明*	高知女子大学
第5章	衞藤 吉則	下関市立大学
第6章	有馬 健雄	広島市立 基町小学校
第7章	矢部 喜久	高知大学教育学部附属中学校
第8章	栗園 重弘	広島大学附属高等学校
第9章	權藤 敦子	エリザベト音楽大学
第10章	吉岡 克弥	広島市立 舟入小学校
第11章	高橋 ゆい	高知大学教育学部附属中学校
	楠瀬 由紀	高知大学教育学部附属中学校
	上岡 真理	高知大学教育学部附属中学校
	小原 望美	高知大学教育学部附属中学校
	木村 典之	大分大学教育福祉学部附属中学校
	土居 佐智子	高知大学教育学部附属中学校
第12章	岡本 恵子	広島大学附属高等学校
	湯浅 清治	広島大学附属高等学校
	白神 聖也	広島大学附属高等学校
	高橋 純治	佐伯鶴城高等学校
	南 富美子	大分県立野津高等学校
第13章	黒田 耕司	北九州市立大学
第14章	石村 秀登	別府大学
第15章	内海崎 貴子	川村学園女子大学
第16章	三橋 謙一郎	徳島文理大学
付 録	露口 健司	九州共立大学

(執筆順、*=編者)

教育実習ガイダンス

2003年4月30日　初 版　第1刷発行
2004年10月1日　初 版　第2刷発行

〔検印省略〕

*定価は表紙に表示してあります

編者 © 山﨑英則・北川明・佐藤隆／発行者　下田勝司　　印刷・製本　中央精版印刷

東京都文京区向丘 1-20-6　振替 00110-6-37828
〒113-0023　TEL（03）3818-5521　FAX（03）3818-5514
E-Mail　tk203444@fsinet.or.jp

発行所　株式会社 東信堂

Published by TOSHINDO PUBLISHING CO., LTD.
1-20-6, Mukougaoka, Bunkyo-ku, Tokyo, 113-0023, Japan
ISBN4-88713-496-7　C3037